Projet OCDE/G20 sur l'érosion de la base d'imposition et le transfert de bénéfices

Concevoir des règles efficaces concernant les sociétés étrangères contrôlées, Action 3 - Rapport final 2015

Ce document et toute carte qu'il peut comprendre sont sans préjudice du statut de tout territoire, de la souveraineté s'exerçant sur ce dernier, du tracé des frontières et limites internationales, et du nom de tout territoire, ville ou région.

Merci de citer cet ouvrage comme suit :
OCDE (2015), *Concevoir des règles efficaces concernant les sociétés étrangères contrôlées, Action 3 - Rapport final 2015*, Projet OCDE/G20 sur l'érosion de la base d'imposition et le transfert de bénéfices, Éditions OCDE, Paris.
http://dx.doi.org/10.1787/9789264248489-fr

ISBN 978-92-64-24847-2 (imprimé)
ISBN 978-92-64-24848-9 (PDF)

Série : Projet OCDE/G20 sur l'érosion de la base d'imposition et le transfert de bénéfices
ISSN 2313-2620 (imprimé)
ISSN 2313-2639 (en ligne)

Crédits photo : Couverture © ninog – Fotolia.com

Les corrigenda des publications de l'OCDE sont disponibles sur : *www.oecd.org/about/publishing/corrigenda.htm*.

Avant-propos

Les questions fiscales internationales sont aujourd'hui plus que jamais au cœur des préoccupations des pouvoirs publics. L'intégration des économies et des marchés nationaux a connu une accélération marquée ces dernières années, mettant à l'épreuve le cadre fiscal international conçu voilà plus d'un siècle. Les règles en place ont laissé apparaître des fragilités qui sont autant d'opportunités pour des pratiques d'érosion de la base d'imposition et de transfert de bénéfices (BEPS), appelant une action résolue de la part des dirigeants pour restaurer la confiance dans le système et faire en sorte que les bénéfices soient imposés là où les activités économiques sont réalisées et là où la valeur est créée.

À la suite de la parution du rapport intitulé *Lutter contre l'érosion de la base d'imposition et le transfert de bénéfices* en février 2013, les pays de l'OCDE et du G20 ont adopté en septembre 2013 un Plan d'action en 15 points visant à combattre ces pratiques. Les 15 actions à mener s'articulent autour de trois principaux piliers : harmoniser les règles nationales qui influent sur les activités transnationales, renforcer les exigences de substance dans les standards internationaux existants, et améliorer la transparence ainsi que la certitude.

Depuis lors, tous les pays de l'OCDE et du G20 ont œuvré sur un pied d'égalité, et la Commission européenne a également apporté sa contribution tout au long du projet BEPS. Les pays en développement ont été étroitement associés au moyen de différents mécanismes, notamment une participation directe aux travaux du Comité des affaires fiscales. En outre, des organisations fiscales régionales, comme le Forum sur l'administration fiscale africaine (ATAF), le Centre de rencontres et d'études des dirigeants des administrations fiscales (CREDAF), et le Centre interaméricain des administrations fiscales (CIAT), ont travaillé aux côtés d'organisations internationales, telles que le Fonds monétaire international (FMI), la Banque mondiale et les Nations Unies. Les parties prenantes ont été largement consultées : au total, le projet BEPS a fait l'objet de plus de 1 400 contributions d'entreprises, de fiscalistes, d'ONG et d'universitaires. 14 réunions publiques de consultation se sont tenues et ont été transmises en direct sur l'Internet, tandis que le Secrétariat de l'OCDE a diffusé des sessions interactives sur le Web afin de tenir le public informé de l'évolution du projet et de répondre à ses questions.

Après deux ans de travail, les 15 rapports prévus par le Plan d'action ont été établis. Tous ces rapports, y compris ceux publiés à titre provisoire en 2014, ont été réunis au sein d'un ensemble complet de mesures, qui représente le premier remaniement d'importance des règles fiscales internationales depuis près d'un siècle. La mise en œuvre des nouvelles mesures devrait conduire les entreprises à déclarer leurs bénéfices là où les activités économiques qui les génèrent sont réalisées et là où la valeur est créée. Les stratégies de planification fiscale qui s'appuient sur des règles périmées ou sur des dispositifs nationaux mal coordonnés seront caduques.

La mise en œuvre revêt donc une importance cruciale à ce stade. L'application des mesures prévues passe par des modifications de la législation et des pratiques nationales et par l'adoption de nouvelles dispositions conventionnelles, grâce à la négociation d'un instrument multilatéral qui devrait aboutir en 2016. Les pays de l'OCDE et du G20 ont également décidé de poursuivre leur coopération en vue de garantir une application cohérente et coordonnée des recommandations issues du projet BEPS. La mondialisation exige de trouver des solutions de portée mondiale et de nouer un dialogue mondial qui va au-delà des pays de l'OCDE et du G20. Pour promouvoir cet objectif, les pays de l'OCDE et du G20 concevront en 2016 un mécanisme complet de suivi auquel tous les pays intéressés participeront sur un pied d'égalité.

Une meilleure compréhension de la manière dont les recommandations issues du projet BEPS sont mises en pratique pourrait limiter les malentendus et les différends entre États. Une attention accrue portée à la mise en œuvre des actions et à l'administration de l'impôt pourrait être bénéfique tant pour les États que pour les entreprises. Enfin, des solutions sont proposées pour améliorer les données et les analyses, ce qui permettra d'évaluer et de quantifier régulièrement l'impact des mécanismes d'érosion de la base d'imposition et transfert de bénéfices et les résultats des mesures issues du projet BEPS appliquées pour lutter contre ces pratiques.

Table des matières

Graphiques

Abréviations et acronymes

BEPS	Érosion de la base d'imposition et transfert de bénéfices (*Base erosion and profit shifting*)
CAF	Comité des affaires fiscales
CJUE	Cour de justice de l'Union européenne
EEE	Espace économique européen
ES	Établissement stable
IFRS	Normes comptables internationales (*International Financial Reporting Standards*)
OCDE	Organisation de coopération et de développement économiques
PI	Propriété intellectuelle
R-D	Recherche-développement
SEC	Société étrangère contrôlée
TEI	Taux effectif d'imposition

Synthèse

Les règles relatives aux sociétés étrangères contrôlées (SEC) sont définies pour éviter qu'un contribuable détenant une participation de contrôle dans une filiale étrangère puisse éroder la base d'imposition dans son pays de résidence voire, dans certains cas, dans d'autres pays, en recourant à un transfert de revenu vers une SEC. En l'absence de telles règles, les SEC offrent des possibilités de transfert de bénéfices et de report à long terme de l'impôt.

Les premières règles applicables aux SEC sont entrées en vigueur en 1962 et, depuis lors, le nombre de juridictions ayant choisi d'en adopter n'a cessé d'augmenter. À ce jour, 30 des pays qui participent au Projet OCDE/G20 sur l'érosion de la base d'imposition et le transfert de bénéfices (BEPS) disposent de telles règles, et de nombreux autres pays se sont déclarés intéressés par leur adoption. Cependant, les règles existantes n'ont pas évolué au même rythme que l'environnement commercial mondial, et nombre d'entre elles présentent, dans leur conception, des caractéristiques qui ne permettent pas de mettre en échec les pratiques de BEPS.

En réponse aux difficultés rencontrées dans l'application des règles actuelles, le *Plan d'action concernant l'érosion de la base d'imposition et transfert de bénéfices* (Plan d'action concernant le BEPS, OCDE, 2013) a prévu que des recommandations soient formulées concernant la conception de règles applicables aux SEC. Jusqu'à présent, l'OCDE n'avait pas mené de travaux significatifs dans ce domaine, et ce rapport souligne que les pays peuvent, par leur coopération, répondre aux inquiétudes en matière de compétitivité et établir des règles du jeu équitables.

Les recommandations formulées dans ce rapport sont présentées sous la forme de composantes. Ces recommandations ne constituent pas des standards minimum, mais ont été conçues pour que les juridictions qui les mettent en œuvre disposent de règles efficaces empêchant les contribuables de transférer des revenus vers des filiales étrangères. Ce rapport propose six composantes pour l'élaboration de règles efficaces à l'égard des SEC :

- ***Définition d'une SEC*** – Les règles relatives aux SEC sont généralement applicables à des sociétés étrangères contrôlées par des actionnaires établis dans la juridiction de la société mère. Le rapport présente des recommandations sur la manière de vérifier que des actionnaires disposent d'une influence suffisante sur une société étrangère pour conclure que cette dernière est une SEC. D'autres recommandations sont également fournies pour faire en sorte que les entités non constituées en société et leur revenu entrent bien dans le champ d'application des règles.
- ***Exonérations et critères de seuil applicables aux SEC*** – À ce jour, il est fréquent que les règles relatives aux SEC ne s'appliquent qu'après d'autres mesures telles que des exonérations fondées sur le taux d'imposition, des règles anti-évasion fiscale ou des seuils d'exonération. Le rapport recommande que les règles relatives aux SEC ne soient appliquées qu'à des sociétés étrangères contrôlées soumises à des taux effectifs d'imposition sensiblement inférieurs à ceux en vigueur dans la juridiction de la société mère.

- ***Définition du revenu*** – Bien que, dans certains pays, les règles en vigueur relatives aux SEC traitent la totalité du revenu d'une SEC comme un « revenu de SEC » qui est attribué aux actionnaires dans la juridiction de la société mère, de nombreuses règles ne s'appliquent à certaines catégories de revenus. Le rapport recommande que les règles définissent la notion de « revenu de SEC » et propose à cet égard une liste non exhaustive d'approches pouvant être utilisées isolément ou associées entre elles.

- ***Calcul du revenu*** – Le rapport recommande d'utiliser les règles de la juridiction de la société mère pour calculer le revenu d'une SEC devant être attribué aux actionnaires. Il recommande également de limiter la possibilité de compenser les pertes d'une SEC, celles-ci pouvant être imputées uniquement aux bénéfices de la même SEC ou d'autres SEC situées dans la même juridiction.

- ***Attribution du revenu*** – Dès que cela est possible, le rapport recommande que le seuil d'attribution soit lié au seuil de contrôle et que la part de revenu à attribuer soit calculée à proportion de la participation détenue ou de l'influence exercée.

- ***Mesures visant à éviter et à éliminer la double imposition*** – L'un des objectifs fondamentaux de la conception des règles relatives aux SEC est de faire en sorte qu'elles n'entraînent pas de double imposition. Le rapport souligne par conséquent l'importance d'éviter et d'éliminer la double imposition et recommande, par exemple, aux juridictions adoptant de telles règles d'accorder un allégement au titre des impôts étrangers effectivement payés, y compris tout impôt mis à la charge de sociétés mères intermédiaires dans le cadre d'un régime applicable aux SEC. Il recommande en outre d'envisager la suppression de la double imposition dans le cas des dividendes versés par une SEC et des plus-values de cession de parts de SEC dès lors que le revenu de la SEC a déjà été imposé dans le cadre d'un régime applicable aux SEC.

Les objectifs assignés aux politiques fiscales étant différents selon les pays, les recommandations offrent la latitude requise pour l'adoption de règles applicables aux SEC qui permettent de lutter efficacement contre les pratiques de BEPS, sans aller à l'encontre du cadre fiscal de chaque pays et des obligations internationales qui lui incombent. En particulier, ce rapport souligne que les recommandations doivent être suffisamment souples pour être compatibles avec le droit de l'Union européenne, et propose des options que les États membres de l'UE pourraient retenir lors de l'élaboration de leurs règles. Les pays ayant mis en œuvre ces recommandations pourront disposer de règles relatives aux SEC permettant de lutter efficacement contre les pratiques de BEPS.

Introduction

1. L'action 3 du *Plan d'action concernant l'érosion de la base d'imposition et le transfert de bénéfices* (Plan d'action BEPS, OCDE, 2013) reconnaît que les groupes peuvent créer des filiales non résidentes auxquelles ils transfèrent des revenus, et que ces filiales peuvent être établies en tout ou partie pour des raisons fiscales sans lien avec la logique commerciale[1]. Les règles relatives aux sociétés étrangères contrôlées (« SEC ») et d'autres règles visant à éviter un report de l'impôt combattent ce phénomène en permettant aux juridictions de taxer le revenu perçu par des filiales étrangères lorsque certaines conditions sont réunies. Toutefois, certains pays sont actuellement dépourvus de règles relatives aux SEC, tandis que d'autres ont mis en place de telles règles, mais qui n'apportent pas toujours une réponse globale aux pratiques de BEPS. L'action 3 invite les pays à élaborer « des recommandations concernant la conception des règles relatives aux sociétés étrangères contrôlées ». Il s'agit de formuler des recommandations permettant de définir des règles relatives aux SEC efficaces pour lutter contre l'érosion de la base d'imposition et le transfert de bénéfices.

2. Les règles relatives aux SEC existent depuis plus de cinq décennies dans la sphère de la fiscalité internationale, et des dizaines de pays les appliquent. Ce rapport passe en revue tous les éléments constitutifs de ces règles et les répartit en « composantes » nécessaires pour que ces règles soient efficaces. Ces composantes permettront aux pays qui ne sont pas dotés de règles relatives aux SEC d'adopter directement les règles recommandées, et aux pays qui ont déjà instauré de telles règles de les modifier pour mieux les aligner sur ces recommandations. Ces composantes sont les suivantes :

1. Règles d'identification des SEC (et définition de la notion de contrôle)
2. Exonérations et critères de seuil applicables aux SEC
3. Définition du revenu d'une SEC
4. Règles de calcul du revenu
5. Règles d'attribution du revenu
6. Règles visant à éviter ou à supprimer la double imposition

3. Avant d'examiner ces six composantes, ce rapport aborde les facteurs stratégiques qu'il convient de prendre en compte dans le contexte de l'action 3. Il s'agit notamment de considérations de politique fiscale partagées par toutes les juridictions lors de l'élaboration de règles applicables aux SEC, auxquelles s'ajoutent des objectifs individuels, liés au régime fiscal en vigueur dans les différentes juridictions. Parmi les considérations générales partagées figurent : la fonction dissuasive des règles relatives aux SEC ; la manière dont elles peuvent compléter les règles applicables aux prix de transfert ; la recherche d'un juste équilibre entre l'efficacité des mesures et la réduction des contraintes administratives et de discipline fiscale ; et la recherche d'un équilibre entre les objectifs d'efficacité et d'élimination de la double imposition. Lorsqu'elles élaborent les solutions visant à répondre

à ces considérations générales, les juridictions établissent des priorités différentes, qui dépendent notamment de la nature de leur système fiscal – mondial ou territorial[2] – et du fait qu'elles soient, ou non, un État membre de l'Union européenne. Tous ces aspects sont abordés succinctement au chapitre 1. Les chapitres suivants décrivent les composantes. Les recommandations étudiées dans ce rapport visent à combattre l'érosion de la base d'imposition et le transfert de bénéfices. Il a bien été tenu compte de la préoccupation de certains pays à l'égard du report à long terme de l'impôt, et du fait que les recommandations doivent offrir la latitude suffisante pour que les juridictions puissent élaborer des règles efficaces visant à lutter contre les pratiques de BEPS sans aller à l'encontre du cadre fiscal de chaque pays et des obligations internationales qui lui incombent.

4. Les points d'action les plus étroitement associés aux règles relatives aux SEC sont les suivants : l'action 1 (relever les défis fiscaux posés par l'économie numérique), l'action 2 (neutraliser les effets des montages hybrides), l'action 4 (déductions d'intérêts), l'action 5 (lutter contre les pratiques fiscales dommageables) et les actions 8 à 10 (prix de transfert).

Notes

1. Les raisons commerciales non fiscales peuvent inclure, par exemple, l'offre de main-d'œuvre, des ressources plus abondantes ou un cadre juridique plus favorable. Les règles relatives aux SEC ne se limitent pas intrinsèquement aux situations où les SEC sont contrôlées par des personnes morales, et les pays devraient envisager de concevoir des règles applicables dans des situations où ce sont des personnes physiques qui contrôlent des entités étrangères.
2. Dans les faits, le système fiscal d'une juridiction n'est jamais exclusivement mondial ou territorial, mais présente plus ou moins de parenté avec ces régimes.

Bibliographie

OCDE (2013), *Plan d'action concernant l'érosion de la base d'imposition et le transfert de bénéfices*, Éditions OCDE, Paris. http://dx.doi.org/10.1787/9789264203242-fr.

Chapitre 1

Considérations générales et objectifs

5. Ce chapitre présente un cadre de haut niveau permettant de définir des règles applicables aux SEC. Étant donné que les règles applicables aux SEC s'inscrivent dans le système fiscal d'ensemble de chaque juridiction, la conception des règles et les objectifs qu'elles visent peuvent différer d'une juridiction à l'autre selon les orientations fiscales retenues. En conséquence, ce chapitre expose d'abord les considérations générales qui sous-tendent toutes les règles applicables aux SEC et décrit plusieurs objectifs stratégiques parmi lesquels les juridictions peuvent établir des priorités différentes.

1.1. Considérations générales communes

6. Selon leur conception, les règles applicables aux SEC imposent les sociétés mères au titre de tout ou partie du revenu versé par toutes ou certaines de leurs filiales étrangères. Dans la plupart des pays, elles sont employées pour empêcher le transfert de revenu depuis la juridiction de la société mère ou à partir de celle-ci **et** d'autres juridictions fiscales. Cependant, les pays peuvent aussi vouloir se prémunir contre un report à long terme de l'impôt. Toutes les règles applicables aux SEC répondent à des considérations générales communes, notamment : *(i)* exercer une fonction dissuasive; *(ii)* compléter les règles relatives aux prix de transfert; *(iii)* trouver un juste équilibre entre l'efficacité des mesures et la réduction des contraintes administratives et de discipline fiscale; et *(iv)* trouver un juste équilibre entre l'efficacité des mesures et la prévention ou la suppression de la double imposition.

1.1.1. Effet dissuasif

7. Les règles relatives aux SEC répondent le plus souvent à un objectif dissuasif. En d'autres termes, la visée principale de ces règles n'est pas de soumettre à l'impôt les bénéfices des SEC. Leur finalité est plutôt de protéger le revenu, en assurant que les bénéfices restent inclus dans la base imposable de la société mère, voire dans celle d'autres sociétés du groupe pour les régimes visant aussi à prévenir une « double érosion » étendue à la base imposable dans des pays tiers (« *foreign-to-foreign stripping* »). Le plus souvent, il s'agit d'éviter un transfert de revenu par des contribuables au profit de SEC. Naturellement, les règles relatives aux SEC dégageront des recettes en imposant le revenu des SEC, mais il est probable que leur mise en œuvre freine le transfert de revenus dans des SEC. À l'image d'autres règles qui s'emploient à modifier le comportement des contribuables, les règles applicables aux SEC peuvent avoir d'autres conséquences que celles visées lors de leur définition. Par exemple, leur conception laisse penser que ces règles octroient des droits d'imposition secondaires à la juridiction de résidence. En réalité, si ces règles permettent l'imposition des bénéfices à un taux suffisamment élevé, elles peuvent aussi augmenter les

possibilités d'imposition dans les juridictions de la source en réduisant ou en supprimant les incitations fiscales des multinationales à transférer des revenus dans des filiales établies dans des juridictions à faible fiscalité.

1.1.2. Interactions avec les règles applicables aux prix de transfert

8. Les règles relatives aux prix de transfert visent à corriger les bénéfices imposables d'entreprises associées afin d'éliminer les distorsions qui surviennent lorsque les prix ou d'autres conditions de transactions entre ces entreprises diffèrent de ce qui aurait été convenu entre des entreprises indépendantes. Étant donné que, par définition, les règles relatives aux sociétés étrangères contrôlées concernent des parties liées (puisque les entreprises visées par ces règles sont contrôlées par une autre entité), les juridictions les utilisent souvent pour contester les prix ajustés facturés entre des parties liées. En d'autres termes, les règles relatives aux SEC sont perçues comme un moyen, pour la juridiction de la société mère, de taxer le revenu généré par une filiale étrangère qui n'aurait peut-être pas été réalisé si le prix initial de l'actif générateur de ce revenu avait été fixé correctement. Aussi, les règles relatives aux SEC sont souvent qualifiées de « renfort » aux règles sur les prix de transfert[1]. Toutefois, cette terminologie est trompeuse, car les règles relatives aux SEC ne complètent pas toujours les règles sur les prix de transfert. Dans certaines situations, les règles relatives aux SEC peuvent cibler le même revenu que les règles sur les prix de transfert, mais il est peu probable qu'en pratique ces deux catégories de règles suppriment la nécessité d'adopter d'autres dispositions. Même si les règles relatives aux SEC peuvent prendre en compte une partie des revenus qui échappent aux règles sur les prix de transfert (et vice versa), aucune de ces catégories de règles ne couvre complètement le revenu que l'autre catégorie entend prendre en compte.

9. L'existence de règles relatives aux prix de transfert, qui s'appuient le plus souvent sur une analyse des faits et circonstances et s'intéressent avant tout aux paiements entre parties liées, ne suffit pas à se dispenser de règles applicables aux SEC. Ces dernières sont en général plus automatisées et ciblées que les règles relatives aux prix de transfert, et nombre d'entre elles prévoient une attribution automatique de certaines catégories de revenu qui présentent un risque accru de mobilité géographique et donc de transfert vers une juridiction à faible fiscalité, que le revenu ait été ou non perçu par une partie liée. De ce fait, les règles applicables aux SEC remplissent une fonction unique dans le système fiscal international. En général, les règles relatives aux prix de transfert devraient s'appliquer avant les règles concernant les SEC, cependant, même à l'issue des travaux sur les prix de transfert conduits dans le cadre du Plan d'action concernant le BEPS, dans certains cas, le revenu attribué à une SEC pourrait encore être soumis aux règles applicables aux SEC. Par exemple, les travaux en cours consacrés aux prix de transfert peuvent prévoir qu'un rendement financier soit attribué à une structure ad hoc exerçant peu de fonctions (« cash box ») qui a simplement fourni le financement[2]. Lorsque cette structure ad hoc est une filiale étrangère faiblement taxée, une juridiction pourrait décider d'appliquer à ce revenu le régime relatif aux SEC sans entrer en contradiction avec le Plan d'action concernant le BEPS. Les règles applicables aux SEC peuvent aussi être utilisées après les règles relatives aux prix de transfert lorsque celles-ci ont été appliquées d'une manière qui n'est pas conforme aux objectifs du *Plan d'action concernant l'érosion de la base d'imposition et transfert de bénéfices* (Plan d'action BEPS, OCDE, 2013)[3].

1.1.3. Limiter l'évasion fiscale de manière efficace tout en réduisant les contraintes administratives et de discipline fiscale

10. Un troisième facteur à prendre en compte est la nécessité d'élaborer des règles efficaces qui n'alourdissent pas inutilement les contraintes administratives et de discipline. Bien que l'un des avantages procurés par les règles relatives aux SEC puisse être leur application relativement mécanique, des règles strictement mécaniques pourraient être moins efficaces que des règles qui autorisent plus de souplesse[4]. Toutefois, cette flexibilité peut aussi engendrer de l'incertitude, qui pourrait se répercuter à la fois sur les charges administratives et de discipline. Les règles applicables aux SEC doivent trouver le juste équilibre entre la simplification propre aux règles mécaniques et l'efficacité de règles plus subjectives. Les critères de définition du revenu sont une bonne illustration de cet arbitrage. Dans ce contexte, si une approche attribuant le revenu uniquement sur la base de sa classification formelle peut alléger les charges administratives et de discipline, elle peut, cependant, aussi être moins efficace, et les pays déjà dotés de règles relatives aux SEC ont généralement choisi d'y adjoindre des analyses de substance moins mécaniques pour déterminer si le revenu attribué provient en fait de pratiques de BEPS. Néanmoins, la charge administrative induite par les règles fondées sur la substance peut être réduite en prévoyant des exceptions dûment ciblées pour les SEC, par exemple pour les sociétés qui ne sont pas soumises à un taux d'imposition plus faible.

1.1.4. Éviter la double imposition

11. Un autre objectif à examiner est comment éviter la double imposition. Étant donné que les règles relatives aux SEC soumettent de manière efficace le revenu d'une filiale étrangère à l'impôt dans la juridiction de la société mère, elles peuvent conduire à une double imposition si, par exemple, la filiale est également soumise à l'impôt dans la juridiction de la SEC. Les risques de double imposition peuvent être circonscrits en intégrant dans les règles relatives aux SEC des exonérations fondées sur les taux d'imposition, qui sont examinées dans la section suivante. Les règles actuelles cherchent également à éviter la double imposition par des dispositions telles que les crédits d'impôts étrangers. Ces dispositions sont décrites au chapitre 7 qui analyse la sixième composante.

1.2. Considérations spécifiques

12. Tandis que les objectifs présentés ci-dessus sont partagés par la plupart des juridictions ayant adopté des règles relatives aux SEC, certains pays peuvent élaborer des règles pour répondre à des objectifs plus spécifiques. Cela est inévitable puisque les règles applicables aux SEC sont inscrites dans chaque système fiscal national, qui varie d'une juridiction à l'autre. Par conséquent, les règles relatives aux SEC diffèrent sensiblement selon les priorités établies entre les divers objectifs retenus. Deux caractéristiques fondamentales pouvant influencer l'élaboration des règles relatives aux SEC sont : *(i)* la nature du régime fiscal général en place (mondial ou territorial) et *(ii)* l'appartenance ou non de la juridiction à l'Union européenne.

1.2.1. Système mondial et système territorial

13. Une juridiction dotée d'un régime fiscal mondial peut appliquer largement ses règles relatives aux SEC à tout revenu non imposé dans juridiction de la société mère dès lors que cela n'entre pas en contradiction avec le système fiscal général de cette dernière. Cependant, pour une juridiction disposant d'un système fiscal territorial, il peut être plus cohérent

d'appliquer plus étroitement ses règles relatives aux SEC pour n'imposer que le revenu qui aurait dû être taxé dans la juridiction de la société mère en vertu des règles applicables aux SEC. Dans les faits, le système fiscal d'une juridiction n'est jamais exclusivement mondial ou territorial, mais présente plus ou moins de parenté avec ces régimes. Ce paramètre peut influencer les choix de politique fiscale des juridictions lorsqu'elles cherchent à préserver leur compétitivité à l'échelle internationale et à lutter contre l'érosion de la base d'imposition.

1.2.1.1.. Trouver un équilibre entre l'imposition des revenus de source étrangère et la protection de la compétitivité

14. Pour concevoir des règles relatives aux SEC, il faut trouver un juste milieu entre la nécessité d'imposer les revenus de source étrangère et celle de parer aux risques de perte de compétitivité inhérents aux règles qui taxent le revenu de filiales étrangères. Les règles relatives aux SEC soulèvent deux principaux types d'inquiétude concernant la compétitivité. Premièrement, les juridictions dotées de telles règles dont le champ d'application est vaste peuvent se trouver en situation de désavantage concurrentiel par rapport à celles qui n'en ont pas (ou dont les règles sont de portée plus étroite) dans la mesure où les filiales étrangères détenues par des sociétés résidentes seront imposées plus lourdement que les entreprises à capitaux locaux situées dans la juridiction étrangère. Ce handicap concurrentiel peut conduire à des distorsions, par exemple en se répercutant sur le lieu où les groupes choisissent d'établir leur siège social ou en augmentant le risque d'inversion, ou encore en influant sur la structure de propriété ou de capital que les groupes choisissent pour se soustraire aux effets des règles relatives aux SEC[5]. Les règles relatives aux SEC peuvent donc induire un risque de restriction ou de distorsion de l'activité économique réelle. Deuxièmement, les entreprises multinationales résidentes de pays dotés de règles relatives aux SEC solides peuvent être pénalisées sur le plan concurrentiel face aux entreprises multinationales établies dans des pays dépourvus de telles règles (ou dont les règles s'appliquent à un taux beaucoup plus bas ou à une base d'imposition beaucoup plus étroite). Ce problème de compétitivité survient parce que les filiales étrangères des multinationales du premier cas de figure seront assujetties à un taux effectif d'imposition plus élevé sur leurs bénéfices que les filiales étrangères des multinationales du second cas de figure du fait de l'application des règles relatives aux SEC, même si les deux filiales exercent leurs activités dans le même pays.

15. En réponse à ces problèmes, les juridictions dotées d'un système territorial tendent plutôt à n'imposer que le revenu clairement transféré depuis la juridiction de la société mère, accordant ainsi la priorité à la compétitivité. À l'inverse, les juridictions dotées d'un système fiscal mondial tendent plutôt à utiliser plus largement les règles applicables aux SEC, accordant ainsi la priorité à l'imposition des revenus de source étrangère. Étant donné que les systèmes fiscaux en vigueur ne sont quasiment jamais strictement mondiaux ni strictement territoriaux, les règles relatives aux SEC exonèrent généralement le revenu dit « actif », à savoir le revenu lié (ou probablement lié) à l'activité économique réelle de la filiale étrangère. Cette approche n'est peut-être pas absolument efficace pour lutter contre les pratiques de BEPS, mais il convient de tenir compte, dans les recommandations visant à concevoir des règles applicables aux SEC, de la nécessité d'imposer le revenu de source étrangère sans nuire à la compétitivité.

16. Une autre solution pour préserver la compétitivité consiste à faire en sorte que les pays soient plus nombreux à appliquer des règles relatives aux SEC similaires, ce qui créerait un cadre commun dans lequel les pays, agissant collectivement et adoptant des règles analogues, pourraient atténuer les inquiétudes en matière de compétitivité que pourraient nourrir des pays agissant individuellement qui envisagent de mettre en place des règles relatives aux SEC.

1.2.1.2.. Éviter l'érosion de la base d'imposition

17. Lorsque des règles relatives aux SEC visent à empêcher les entreprises d'un groupe de transférer des revenus à des SEC, cela ne signifie pas nécessairement que ces règles protègent la base d'imposition uniquement dans la juridiction de la société mère. De fait, ces règles peuvent soit avoir pour seule finalité de protéger la base d'imposition dans la juridiction de la société mère, soit chercher également à protéger la base d'imposition dans des pays tiers pour lutter contre l'érosion de pays tiers à pays tiers/**la double érosion,** ou « *foreign-to-foreign stripping* ». Dans le premier cas, les règles considèrent que le revenu des SEC inclut uniquement le revenu détourné ou transféré de la juridiction de la société mère, tandis que dans le second cas, ce revenu inclut l'ensemble des revenus perçus dans toute juridiction autre que celle de la SEC. Ainsi, lorsque les règles cherchent à éviter l'érosion de la base d'imposition dans la juridiction de la société mère, la fraction du revenu qui se trouve isolée des activités réalisées dans un pays tiers n'est pas soumise à une imposition au titre du régime applicable aux SEC. En revanche, si les règles visent aussi à prévenir la double érosion, cette fraction du revenu est soumise à l'impôt en vertu du régime applicable aux SEC[6].

18. Les règles relatives aux SEC qui visent à préserver la base d'imposition uniquement dans la juridiction de la société mère peuvent ne pas être aussi efficaces contre les dispositifs de BEPS pour deux raisons. Premièrement, il n'est pas toujours possible de déterminer le pays dont la base a été érodée (dans le cas d'un revenu apatride, par exemple). Deuxièmement, même s'il est possible de déterminer le pays dont la base a été érodée, le Plan d'action concernant le BEPS entend empêcher l'érosion de toutes les bases d'imposition, y compris celles de pays tiers. Cette problématique peut être particulièrement importante pour les pays en développement puisqu'il peut exister plusieurs incitations à structurer un instrument par l'intermédiaire de juridictions à faible fiscalité en l'absence de règles applicables aux SEC visant à neutraliser la double érosion[7].

1.2.2. Règles relatives aux SEC au sein de l'Union européenne

19. Un problème spécifique de compétitivité peut se poser dans le contexte de l'Union européenne. Depuis 2006[8], il est généralement admis que la jurisprudence de la Cour de justice de l'UE (CJUE) impose des limitations aux règles relatives aux SEC qui s'appliquent dans l'Union Européenne. Aussi, les recommandations formulées dans le cadre de ce point du Plan d'action doivent certes être suffisamment larges pour être efficaces contre les pratiques de BEPS, mais elles doivent aussi être suffisamment souples pour permettre, le cas échéant, aux États membres de l'Union européenne (UE) de se conformer au droit communautaire. Cet impératif vaut pour toutes les juridictions, y compris celles qui ne sont pas membres de l'UE, parce que des recommandations incompatibles avec le droit communautaire signifieraient que les États membres ne pourraient pas les adopter pour application au sein de l'UE. Cela aurait pour conséquence que des groupes multinationaux basés dans des juridictions qui ne sont pas membres de l'UE pourraient voir leur compétitivité réduite face à d'autres groupes multinationaux établis dans des États membres puisque ces derniers ne seraient pas soumis à des règles aussi strictes.

20. Dans l'affaire *Cadbury Schweppes*[9] et les affaires ultérieures, la CJUE dispose que les règles relatives aux SEC et les autres dispositions fiscales qui s'appliquent aux transactions internationales et qui tendent à prévenir l'évasion fiscale doivent « viser spécifiquement les montages purement artificiels, dépourvus de réalité économique, dont la seule fin serait l'obtention d'un avantage fiscal[10] ». La jurisprudence de la CJUE s'applique à tous les États membres de l'Union européenne et de l'Espace économique européen

(EEE)[11], et elle s'applique lorsque la juridiction de la société mère et celle de la SEC se trouvent toutes les deux dans l'EEE.

21. Ce rapport a pour objectif de définir des recommandations en vue d'élaborer des règles relatives aux SEC qui soient efficaces et applicables dans toutes les juridictions. Lorsque des recommandations sont formulées, elles sont les mêmes pour toutes les juridictions, qu'elles soient, ou non, des États membres de l'UE. Cependant, lorsque des options sont offertes, les États membres de l'UE seront amenés à vérifier que la solution retenue est bien compatible avec le droit communautaire[12].

22. Bien que les modalités retenues pour se conformer aux dispositions relatives aux libertés fondamentales des traités de l'UE relèvent de la compétence de chacun des États membres de l'UE, ceux-ci pourraient tenir compte des indications suivantes en vue de concevoir des règles relatives aux SEC qui soient flexibles et pérennes :

- Effectuer une analyse de substance en vertu de laquelle les contribuables seraient soumis aux règles relatives aux SEC uniquement lorsque les SEC n'exercent pas d'activités économiques effectives. Certains États membres ont déjà modifié leurs règles relatives aux SEC de façon à ce qu'elles ne s'appliquent pas aux activités économiques effectives, et qu'elles soient ainsi conformes au critère des « montages purement artificiels » établi par la CJUE.
- Appliquer les règles relatives aux SEC selon des modalités identiques aux filiales locales et aux filiales étrangères. Une règle sera jugée incompatible avec la liberté d'établissement uniquement si elle possède un caractère discriminatoire à l'égard de non-résidents. C'est ce qu'a souligné l'arrêt *Cadbury Schweppes*, où la CJUE s'est intéressée en particulier à la différence de traitement, aux termes des règles relatives aux SEC en vigueur au Royaume-Uni, entre une société contrôlée résidente et une société contrôlée non résidente. La Cour explique :

  > Cette différence de traitement crée un désavantage fiscal pour la société résidente à laquelle la législation sur les SEC est applicable. En effet, même en tenant compte [...] de la circonstance éventuelle, mentionnée par la juridiction de renvoi, selon laquelle une telle société résidente ne paierait pas, au titre des bénéfices d'une SEC relevant du champ d'application de ladite législation, un impôt supérieur à celui qui aurait frappé ces bénéfices si ceux-ci avaient été réalisés par une filiale établie au Royaume-Uni, il n'en demeure pas moins que, en application d'une telle législation, cette société résidente est imposée sur des bénéfices d'une autre personne morale. Or, tel n'est pas le cas d'une société résidente ayant une filiale imposée au Royaume-Uni ou dont la filiale établie en dehors de cet État membre n'est pas soumise à un niveau inférieur d'imposition[13].

  Par conséquent, si une règle relative aux SEC applique le même traitement aux filiales locales et étrangères, elle ne devrait pas être considérée comme discriminatoire au regard de la jurisprudence de la CJUE, sans qu'aucune justification ne soit nécessaire. Cette approche conduirait à attribuer le revenu de toute société contrôlée, locale ou étrangère, à ses actionnaires résidents[14].
- Appliquer les règles relatives aux SEC aux transactions qui sont « en partie purement artificielles ». Même si une règle en matière d'impôts directs dans un État membre de l'UE s'avère enfreindre la liberté d'établissement et être discriminatoire, elle peut néanmoins être maintenue si elle est justifiée et proportionnée. Bien que, dans des arrêts antérieurs, la CJUE ait estimé que les règles relatives aux SEC

appliquées par des États membres n'étaient justifiées et proportionnées que si elles ne visaient que les montages purement artificiels, deux évolutions plus récentes dans l'analyse de la CJUE laissent penser que ces règles peuvent désormais être considérées comme justifiées et proportionnées même si elles s'appliquent à des montages autres que ceux purement artificiels. Ainsi, certaines affaires ont montré que ces règles peuvent être justifiées par la nécessité d'empêcher l'évasion fiscale si elles ciblent des montages qui ne sont pas purement artificiels. Dans l'affaire *Thin Cap Group Litigation*, par exemple, la CJUE a indiqué que, pour établir si une législation sur la sous-capitalisation est justifiée par la nécessité d'empêcher des pratiques abusives, elle doit déterminer « si la transaction en cause constitue, *en tout ou en partie*, un montage purement artificiel dont le but essentiel est d'échapper à l'emprise de la législation fiscale de cet État membre[15] ». Cette formulation suggère qu'une règle relative aux SEC dans un État membre de l'UE ciblant le revenu perçu par une SEC qui n'est pas lui-même purement artificiel peut être justifiée dès lors que la transaction qui a généré ce revenu est au moins partiellement artificielle.

- Concevoir des règles relatives aux SEC visant explicitement à parvenir à une répartition équilibrée du pouvoir d'appliquer l'impôt. La CJUE a avancé que les dispositions fiscales d'un État membre pouvaient ne pas être limitées aux montages purement artificiels si elles étaient justifiées par une raison autre que la nécessité d'empêcher l'évasion fiscale. Dans les affaires *SGI*[16] et *Oy AA*[17], par exemple, la CJUE a indiqué que les règles en question pouvaient être admises nonobstant le fait qu'elles ne se limitaient pas aux montages purement artificiels, dans la mesure où elles étaient justifiées par la nécessité de conserver une répartition équilibrée des droits d'imposition. Dans *SGI*, la CJUE a ainsi précisé que cette « justification peut être admise dès lors, notamment, que le régime en cause vise à prévenir des comportements de nature à compromettre le droit d'un État membre d'exercer sa compétence fiscale en relation avec les activités réalisées sur son territoire[18] ». Bien que la Cour n'ait pas encore affirmé que des règles relatives aux SEC étaient justifiées par la nécessité de conserver une répartition équilibrée des droits d'imposition, ces affaires suggèrent que ces règles seraient fondées à s'appliquer plus largement si un État membre pouvait faire valoir la nécessité d'imposer des bénéfices générés par des activités menées sur son territoire.

Notes

1. Voir par exemple Fleming, J. Clifton Jr., Peroni Robert J. et Shay Stephen E., Worse than Exemption, 59 Emory L.J. 79 (2009).

2. Voir le Rapport 2015 relatif aux actions 8-10 : *Aligner les prix de transfert calculés sur la création de valeur* (OCDE, 2015) qui attribue un rendement financier sans risque à une entité dépourvue des moyens nécessaires pour le contrôle des risques.

3. Les règles applicables aux SEC interagissent également avec d'autres règles que celles relatives aux prix de transfert. Dans la version de 2014 du rapport intitulé *Neutraliser les effets des montages hybrides* (OCDE, 2014), par exemple, la recommandation 5 reconnaît l'importance des règles applicables aux SEC et invite les juridictions à les améliorer pour éviter les effets de déduction/non-inclusion générés par des paiements effectués en faveur d'une entité hybride inversée.

4. Des règles applicables aux SEC strictement mécaniques pourraient ne pas être compatibles avec le droit de l'UE, pour les raisons exposées ci-après dans ce chapitre.

5. Selon une idée répandue, des règles sévères en matière de SEC pourraient conduire à des « inversions », à savoir que les groupes déplaceraient le lieu de résidence de la société mère afin d'échapper à ces règles. Il est certes probable que les règles relatives aux SEC augmentent le risque d'inversion, mais elles n'en constituent pas le seul facteur et d'autres aspects tels que le taux d'imposition et la nature du régime fiscal général (mondial ou territorial) jouent également un rôle. C'est pourquoi les inversions et les règles adoptées par certains pays pour les combattre sortent du champ de ce rapport, mais certains pays peuvent être amenés à y consacrer des travaux distincts.

6. Les dispositions qui permettent aux entreprises de choisir si leurs filiales sont traitées comme des sociétés de personnes ou comme des sociétés commerciales réduisent la portée des règles applicables aux SEC, qui ne peuvent alors plus neutraliser la double érosion. Toutefois, la règle modifiée relative aux asymétries hybrides, examinée au chapitre 2, vise à supprimer les effets de ce choix et peut, par conséquent, réduire la disponibilité de cette option.

7. Pour plus de précisions sur l'effet du point 3 et des autres points sur les pays en développement, voir le Plan d'action concernant le BEPS et le Rapport sur le BEPS, qui font tous deux référence à l'effet d'entraînement des règles relatives aux SEC sur les pays de la source.

8. En 2006, la Cour de justice de l'Union européenne a publié un arrêt (C-196/04) dans l'affaire Cadbury Schweppes plc et Cadbury Schweppes Overseas Ltd contre Commissioners of Inland Revenue. Cette affaire examinait la compatibilité des règles relatives aux SEC établies par les États membres avec les dispositions des traités de l'UE sur la liberté d'établissement.

9. Cadbury Schweppes plc et Cadbury Schweppes Overseas Ltd contre Commissioners of Inland Revenue, C-196/04. Des affaires plus récentes ont confirmé la décision rendue dans *Cadbury Schweppes*. Dans Itelcar – Automóveis de Aluguer Lda. contre Fazenda Pública, Affaire C-282/12 (3 octobre 2013), la CJUE précise qu'une mesure nationale restreignant les libertés fondamentales prévues par les traités de l'UE peut être justifiée lorsqu'elle vise spécifiquement les montages purement artificiels, dépourvus de réalité économique, dont la seule fin est d'éluder l'impôt normalement dû sur les bénéfices générés par les activités réalisées sur le territoire national. Dans *Itelcar*, la CJUE ajoute qu'il ressort de la jurisprudence de la Cour que peut être considérée comme n'allant pas au-delà de ce qui est nécessaire pour prévenir la fraude et l'évasion fiscales une réglementation qui se fonde sur un examen d'éléments objectifs et vérifiables pour déterminer si une transaction présente le caractère d'un montage purement artificiel à des seules fins fiscales et qui, dans chaque cas où l'existence d'un tel montage ne peut être exclue, met le contribuable en mesure, sans le soumettre à des contraintes administratives excessives, de produire des éléments concernant les éventuelles raisons commerciales pour lesquelles cette transaction a été conclue.

10. Haribo Lakritzen Hans Riegel BetriebsgmbH et Österreichische Salinen AG contre Finanzamt Linz, Affaires jointes C-436/08 et C-437/08, paragraphe 165.

11. La jurisprudence de la CJUE s'applique aux pays qui ne sont pas des États membres de l'Union européenne dans la mesure où elle interprète les libertés fondamentales protégées par l'Accord sur l'Espace économique européen.

12. Les pays qui ne sont pas membres de l'Union européenne pourraient aussi appliquer les modifications adoptées par les États membres de l'UE.

13. Cadbury Schweppes, paragraphe 45.

14. Au moins une juridiction suit déjà une telle approche. La législation du Danemark prévoit une égalité de traitement, indépendamment du fait que la société mère possède une filiale établie au Danemark, une filiale étrangère établie dans l'UE/EEE ou une filiale étrangère établie en dehors de l'UE/EEE.

15. Test Claimants in the Thin Cap Group Litigation contre Commissioners of Inland Revenue, C-524/04, paragraphe 81 (c'est nous qui soulignons).

16. Société de Gestion Industrielle (SGI) contre État belge, C-311/08 (21 janvier 2010) (concluant que la liberté d'établissement *n'empêche pas* les États membres d'imposer des ajustements des bénéfices dans le cas de transactions non conformes au principe de pleine concurrence impliquant des parties non résidentes).

17. Oy AA, C-231/05 (18 juillet 2007) (concluant que la liberté d'établissement *n'empêche pas* les États membres de limiter les déductions d'intérêts pour les transferts intragroupe aux paiements en faveur d'entreprises résidentes).

18. SGI, paragraphe 60.

Bibliographie

Fleming J. Clifton Jr., Peroni Robert J. et Shay Stephen E., *Worse than Exemption*, 59 Emory L.J. 79 (2009).

OCDE (2015), *Aligner les prix de transfert calculés sur la création de valeur, Actions 8-10 – Rapports finaux 2015*, Éditions OCDE, Paris. http://dx.doi.org/10.1787/9789264249202-fr.

OCDE (2014), *Neutraliser les effets des dispositifs hybrides*, Éditions OCDE, Paris. http://dx.doi.org/10.1787/9789264225268-fr.

Chapitre 2

Règles permettant de définir une SEC

23. Pour déterminer si les règles relatives aux SEC sont applicables, une juridiction doit répondre à deux questions : *(i)* une entité étrangère relève-t-elle de la catégorie des SEC et *(ii)* la société mère exerce-t-elle une influence suffisante sur l'entité étrangère pour que celle-ci soit une SEC.

2.1. Recommandations

24. Lorsqu'une entité est bien du type de celles considérées comme des SEC, la recommandation consiste à opter pour une définition large pour que, outre les entités constituées en sociétés, les règles relatives aux SEC puissent s'appliquer également à des entités et à des établissements stables (ES) qui sont transparents aux fins fiscales dès lors que ces entités perçoivent un revenu soulevant des préoccupations en matière de BEPS qui ne sont pas neutralisées par une autre mesure. Une recommandation supplémentaire est l'ajout d'une sorte de règle relative aux asymétries hybrides qui empêcherait les entités de contourner les règles relatives aux SEC par le biais d'un traitement fiscal différent selon la juridiction concernée.

25. Concernant la notion de contrôle, la recommandation est que les règles relatives aux SEC devraient pour le moins appliquer à la fois un test de contrôle juridique et de contrôle économique pour qu'un résultat positif à l'un ou l'autre de ces tests signifie l'existence d'un contrôle. Les pays peuvent également prévoir des tests de facto pour faire en sorte que les tests portant sur le contrôle juridique et économique ne puissent être contournés. Une SEC devrait être considérée comme contrôlée si des résidents (notamment des entités constituées en sociétés, des personnes physiques, ou autre) exercent sur elle un contrôle de plus de 50 % au minimum, même si les pays qui souhaitent atteindre des objectifs plus larges ou empêcher le contournement des règles relatives aux SEC peuvent fixer leur seuil de contrôle à un niveau inférieur. Ce niveau de contrôle pourrait être mesuré en faisant la somme des intérêts des parties liées ou des parties résidentes non liées, ou en additionnant les intérêts de tous les contribuables qui agissent de concert. En outre, les règles relatives aux SEC devraient s'appliquer aussi bien en cas de contrôle direct qu'indirect.

2.2. Explication

2.2.1. Considérations relatives à l'entité

26. Bien que, si l'on se réfère à leur nom, les règles relatives aux SEC semblent s'appliquer uniquement aux entités constituées en société, dans de nombreux pays elles couvrent aussi les fiducies, les sociétés de personnes et les établissements stables dans certains cas, pour faire en sorte que les entreprises établies dans la juridiction de la

société mère ne puissent pas contourner les règles applicables aux SEC uniquement en modifiant la forme juridique de leurs filiales.

27. Certaines entités transparentes aux fins fiscales telles que les sociétés de personnes ne devraient pas être traitées comme des SEC dans la mesure où leur revenu est déjà imposé sur une base courante dans la juridiction de la société mère. Toutefois, si une entité transparente perçoit un revenu qui soulève des préoccupations en matière de BEPS et qui n'est pas soumis à l'imposition dans la juridiction de la société mère, les règles relatives aux SEC pourraient s'appliquer selon l'une des deux approches suivantes. Premièrement, ces règles pourraient traiter l'entité transparente aux fins fiscales comme une SEC afin que son revenu n'échappe pas à l'impôt applicable aux SEC en raison d'un traitement fiscal différent appliqué dans la juridiction de la SEC. Cette situation peut se présenter, par exemple, lorsqu'une une entité qui dispose d'une présence imposable selon les lois de la juridiction de la société mère est une société de personnes selon les lois de la juridiction de la SEC. Deuxièmement, ces règles pourraient soumettre à l'impôt le revenu d'une entité transparente aux fins fiscales qui serait détenue par une SEC, pour que celle-ci ne puisse pas soustraire des revenus à l'application des règles en les transférant vers cette entité transparente.

28. Les établissements stables (ES) doivent être couverts par les règles relatives aux SEC dans deux cas de figure. Premièrement, ces règles devraient être suffisamment larges pour pouvoir couvrir le cas d'une entité étrangère disposant d'un ES dans un autre pays. Deuxièmement, lorsque la juridiction de la société mère prévoit une exonération du revenu d'un ES[1], ce revenu est susceptible de soulever les mêmes préoccupations qu'un revenu généré au niveau d'une filiale étrangère. Si c'est le cas, la juridiction de la société mère pourrait résoudre le problème en refusant l'exonération ou en soumettant l'ES aux règles applicables aux SEC.

29. L'autre point à examiner pour décider des entités couvertes par la définition des SEC concerne la solution à adopter face à la planification fiscale hybride lorsque les règles de classification des instruments et des entités en vigueur dans la juridiction de la société mère ont pour effet que des paiements qui seraient en principe attribués en vertu des règles relatives aux SEC soient ignorés ou considérés comme sortant du champ d'application de ces dernières. Par exemple, les règles de classification des entités dans la juridiction de la société mère peuvent autoriser à considérer que le payeur et le bénéficiaire au sein d'un groupe multinational constituent une seule et même entité aux fins des règles relatives aux SEC, de sorte qu'un paiement intragroupe déductible entre ces entités n'est pas pris en compte en vertu des règles relatives aux SEC appliquées par la juridiction de la société mère. En définitive, ces règles excluent un revenu qui serait au demeurant attribuable en tant que revenu de la SEC pour la raison qu'elles ne reconnaissent pas certaines entités. Des problèmes de double érosion apparaissent dans ce cas dès lors que le paiement est déductible dans la juridiction du payeur.

30. Il est donc recommandé de prévoir une réponse appropriée à ce problème. Une solution pourrait consister à étudier l'adoption d'une règle modifiée sur les asymétries hybrides qui imposerait la prise en compte de tout paiement intragroupe en faveur d'une SEC dans le calcul du revenu de SEC perçu par la société mère[2]. Selon une approche possible, un paiement intragroupe serait pris en compte si :

- Ce paiement n'est pas inclus dans le revenu de la SEC.
- Il aurait été inclus dans le revenu de la SEC si la juridiction de la société mère avait classifié les entités et les instruments de la même manière que la juridiction du payeur ou celle du bénéficiaire.

31. Le graphique 2.1 explique comment fonctionne cette règle. Dans la structure décrite ci-dessous, A Co, société résidente du Pays A, détient tout le capital de B Co, société résidente du Pays B. B Co, à son tour, détient tout le capital de C Co, société résidente du Pays C. Le Pays A et le Pays C sont des juridictions à fiscalité élevée, alors que le Pays B est une juridiction à faible fiscalité. C Co est une entité non prise en compte par le régime fiscal du Pays A. C Co emprunte de l'argent à B Co, et comme C Co est considérée comme transparente aux fins fiscales par la législation du Pays A, le paiement des intérêts à B Co est ignoré par les lois du Pays A et n'est donc pas intégré dans le calcul du revenu de la SEC aux fins du Pays A. Notons que cet exemple ne relèverait pas des règles élaborées au titre de l'action 2 étant donné qu'il ne génère pas d'asymétrie hybride au sens des règles du Pays B ou du Pays C, qui sont les juridictions de résidence des contreparties. À l'inverse, il génère une asymétrie hybride uniquement selon les lois du Pays A, pays qui traite C Co comme une entité transparente aux fins fiscales.

32. Le paiement d'intérêts est un paiement intragroupe déductible. Le fait qu'il ne soit pas inclus dans le calcul du revenu de la SEC s'explique par le traitement du payeur selon les lois de la juridiction de la société mère. Selon la règle exposée ci-dessus, le paiement serait inclus en tant que versement d'intérêts par une autre SEC lors du calcul du revenu de la SEC de A Co.

33. Le graphique 2.1 fait intervenir un conflit de classification d'une entité, mais on peut aboutir à un résultat similaire avec un prêt considéré comme assimilable à un titre de participation aux fins du Pays A (de sorte que le paiement d'intérêts est considéré comme un dividende exonéré selon les règles relatives aux SEC du Pays A). On peut en outre obtenir le même effet en exploitant les différences de traitement de la résidence à des fins fiscales. Par exemple, le Pays A qui applique ses propres règles en matière de résidence

Graphique 2.1. **Règle modifiée relative aux asymétries hybrides**

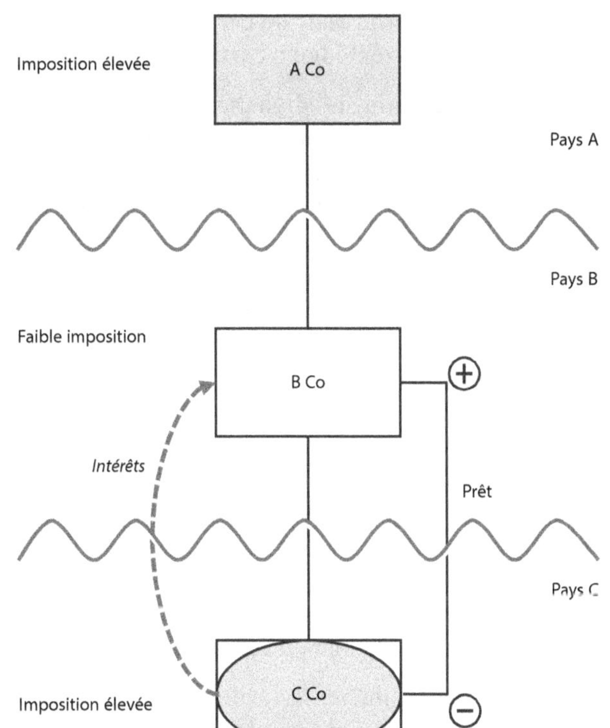

fiscale pourrait considérer B Co comme résident fiscal du Pays C, de sorte que le paiement d'intérêts est ignoré en vertu de l'exception applicable au même pays[3], selon laquelle les règles relatives aux SEC du Pays A n'incluent pas ce revenu dans le revenu de la SEC s'il provient de contribuables résidents dans la juridiction de la SEC. Étant donné que ces mécanismes reposent tous sur un conflit de classification de l'entité ou de l'instrument, ils seraient également couverts par la règle décrite ci-dessus.

2.2.2. Contrôle

34. La définition du contrôle suppose de vérifier deux éléments : *(i)* le type de contrôle requis et *(ii)* le niveau de ce contrôle.

2.2.2.1. Type de contrôle

35. Il peut exister différentes formes de contrôle qui sont présentées ci-dessous.

- ***Le contrôle juridique*** se base généralement sur la part du capital social détenue par un résident pour déterminer le pourcentage de droits de vote dans une filiale. Le contrôle juridique est un test relativement mécanique facile à appliquer pour les administrations fiscales et les contribuables et qui reflète le fait qu'un pourcentage suffisant des droits de vote devrait permettre aux résidents d'élire le conseil d'administration ou un organe équivalent responsable des affaires de l'entité étrangère, et ainsi de faire en sorte qu'une SEC agisse conformément à leurs instructions. Toutefois, le droit des sociétés ménage souvent une grande latitude dans la conception de la structure sociale d'une entreprise, ouvrant la voie à l'utilisation de modalités et de structures actionnariales artificielles visant à contourner la règle de contrôle. Aussi, se focaliser sur le contrôle juridique est probablement réducteur, et la plupart des pays ont également recours au contrôle économique. Néanmoins, les tests qui examinent la capacité à acquérir des actions, et donc des droits de vote, par le biais de certains droits conditionnels tels que les options, peuvent contribuer à remédier à certaines faiblesses du contrôle juridique.
- ***Le contrôle économique*** examine les droits se rattachant aux bénéfices, au capital et aux actifs d'une entreprise dans certaines circonstances telles que la dissolution ou la liquidation. Ce test reconnaît qu'un résident peut contrôler une entité s'il détient un droit relatif à la valeur sous-jacente de cette entreprise, même s'il ne détient pas la majorité des actions. Ce droit peut résulter de droits sur les produits constatés en cas de cession du capital social ou des actifs de l'entité lors d'une liquidation. Il peut aussi inclure les droits sur une distribution de bénéfices autre qu'une cession ou une liquidation. Le contrôle économique est lui aussi un test relativement mécanique qui repose sur des faits pouvant faire l'objet d'une évaluation objective. Il génère un peu plus de complexité, mais en réalité ceux qui détiennent une participation majoritaire dans une entreprise en sont vraisemblablement informés et peuvent être soumis à d'autres obligations déclaratives au titre de cette entité contrôlée. Toutefois, les règles de contrôle économique peuvent être contournées, notamment par une réorganisation du groupe impliquant l'établissement d'une nouvelle société holding. En pareilles situations, le contrôle juridique et économique peut changer, même si les activités sous-jacentes ou le niveau de prise de décision et de contrôle commercial exercé par la société mère précédente ne varient guère.
- ***Le contrôle de facto*** peut s'intéresser à des facteurs similaires à ceux étudiés par de nombreux pays pour déterminer si une entreprise est résidente à des fins

fiscales. Par exemple, les pays peuvent chercher à savoir qui prend les décisions de haut niveau concernant les affaires de l'entreprise étrangère ou qui a la faculté d'influencer ou de diriger ses activités au jour le jour. Une autre approche pourrait se focaliser sur les liens contractuels particuliers avec la SEC qui permettent aux contribuables d'exercer une influence dominante sur elle. Toutefois, un test fondé sur le contrôle de facto fait le plus souvent fonction de règle anti-évasion permettant de s'assurer que d'autres tests de contrôle ne sont pas contournés. Un test fondé sur le contrôle de facto nécessite une analyse poussée des faits et des circonstances et une certaine évaluation subjective de ceux-ci. Appliqué de manière systématique, un tel test entrainerait un surcroît de coûts, de complexité et d'incertitude pour les contribuables. En outre, selon l'expérience des pays dans la gestion des règles de résidence, le type de critère mentionné ci-dessus peut aussi être relativement simple à contourner et, partant, difficile à établir pour une administration fiscale.

- ***Le contrôle fondé sur la consolidation*** examine si une entreprise non résidente est consolidée dans les comptes d'une entreprise résidente en vertu de principes comptables (par exemple les Normes internationales d'information financière, ou IRFS). Cette approche n'est pas fondamentalement différente de celles mentionnées ci-dessus. En fait, à l'instar des tests fondés sur le contrôle juridique et de facto, les principes comptables se réfèrent eux aussi à des critères tels que les droits de vote ou d'autres droits d'exercer une influence dominante sur une autre entité, mais ils utilisent ces critères pour déterminer si une entité doit être ou non consolidée. Par exemple, la norme IFRS 10 prévoit qu'un contribuable doit consolider une entité dès lors, par exemple, qu'il détient des droits qui lui donnent la faculté de diriger les activités ayant le plus d'influence sur le rendement de cette filiale. Cette faculté peut reposer sur les droits de vote dans les grands domaines d'activité de la filiale ou, plus généralement, sur l'exercice d'une influence déterminante sur la filiale qui correspond dans les faits à un contrôle juridique et de facto.

36. Les approches ci-dessus sont souvent combinées pour faire en sorte que les règles s'appliquent efficacement sans risque de contournement. L'analyse ainsi effectuée a abouti à la conclusion qu'un test fondé sur le contrôle doit privilégier une approche combinée qui comporte au moins un contrôle juridique et économique. Ces deux tests, relativement mécaniques, devraient limiter les contraintes administratives et de discipline. Toutefois, les pays pourraient aussi envisager de compléter ces tests par un test de facto ou basé sur la consolidation à des fins comptables. Ces deux tests, mais surtout le test de facto de large portée, risquent d'accroître la complexité et les coûts de discipline. C'est pourquoi les pays qui envisagent d'y recourir pour traiter des problèmes spécifiques (comme ceux posés par le phénomène d'inversion) pourraient conclure qu'il vaut mieux opter pour des dispositions ciblées distinctes, plutôt que d'étendre le concept de contrôle aux fins des règles relatives aux SEC.

2.2.2.2. Niveau de contrôle

37. Lorsqu'un régime applicable aux SEC a établi les éléments qui confèrent le contrôle, la question suivante consiste à déterminer quel est le niveau de contrôle suffisant pour déclencher l'application des règles relatives aux SEC. Si l'objectif est de couvrir toutes les situations dans lesquelles la partie qui exerce le contrôle est en mesure de transférer des bénéfices vers une entreprise étrangère, alors les règles relatives aux SEC doivent au minimum cibler les cas où des contribuables résidents détiennent un intérêt juridique ou économique de plus de 50 % dans l'entité étrangère. Selon certaines règles existantes, il y a contrôle dès que la société mère détient exactement 50 %, mais la majorité des règles prévoit que le contrôle doit dépasser 50 %. Étant donné que les sociétés mères

qui détiennent 50 % ou moins peuvent malgré tout exercer une influence dans certaines situations, les juridictions sont libres de fixer le seuil en dessous de 50 % [4].

38. Il est aisé de déterminer si ce seuil de 50 % est atteint dès lors que le contrôle est exercé par un seul actionnaire résident. Néanmoins, les actionnaires peuvent exercer une influence dans d'autres situations, et les règles existantes s'efforcent généralement d'appréhender ces cas de figure, ainsi que leurs règles de contrôle. Le principe général qui sous-tend les tests fondés sur le contrôle est le suivant : si des actionnaires minoritaires s'unissent en vue d'exercer une influence, leurs intérêts doivent être additionnés pour déterminer si le seuil de contrôle est atteint. Il existe au moins trois méthodes pour déterminer si des actionnaires minoritaires agissent ensemble, et il est recommandé que les juridictions suivent l'une de ces approches pour garantir que des actionnaires minoritaires qui exercent effectivement une influence soient bien pris en compte.

39. La première méthode consiste à appliquer un test fondé sur « l'action de concert », qui permet de déterminer, à partir d'une analyse factuelle, si les actionnaires s'unissent pour influer sur la SEC. Si tel est le cas, leurs participations sont additionnées pour déterminer si la SEC entre dans le champ des règles correspondantes. Cette approche n'est pas très commune parce qu'elle entraîne d'importantes contraintes administratives et de discipline, mais elle présente l'avantage de pouvoir identifier plus précisément qu'avec un test mécanique dans quel cas des actionnaires agissent effectivement de concert. La section suivante illustre par un exemple le fonctionnement de ce test.

Graphique 2.2. **Participation de contrôle détenue par des parties indépendantes agissant de concert**

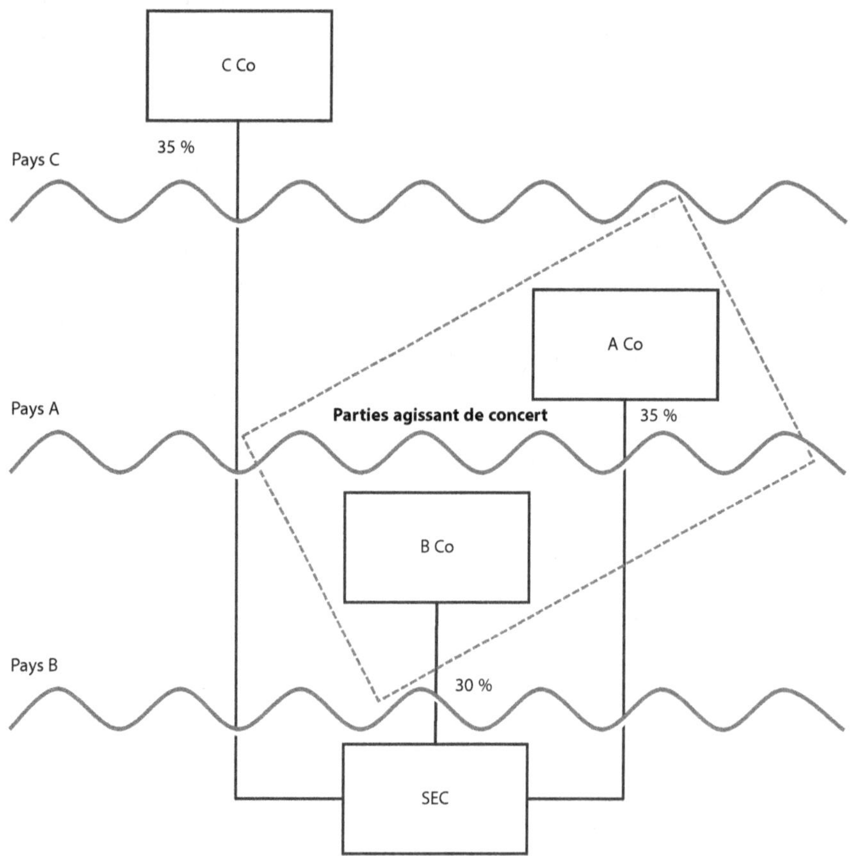

40. C Co, A Co et B Co sont des parties indépendantes. Pour que les règles relatives aux SEC du Pays A s'appliquent, une participation de contrôle de plus de 50% doit exister. Il n'y a pas d'autre contribuable résident dans le Pays A ; aussi, à moins que le Pays A soit doté d'une règle sur l'action de concert qui additionne les participations des résidents et des non-résidents, et que cette règle s'applique, le revenu de la SEC ne sera pas attribué à A Co. Comme indiqué précédemment, une règle sur l'action de concert serait source de contraintes administratives et de discipline supplémentaires, surtout en cas d'application aux résidents comme aux non-résidents. Toutefois, elle peut aussi prévenir un contournement des règles relatives aux SEC[5].

41. La deuxième méthode par laquelle certaines règles déterminent si des actionnaires minoritaires agissent ensemble consiste à examiner la relation entre les parties. Si les règles tiennent uniquement compte des participations des *parties liées* pour déterminer si le seuil de 50% est atteint, il n'est plus nécessaire d'effectuer un test factuel fondé sur l'action de concert, mais la portée du test est plus étroite, car il cible plus directement les possibilités de transfert de bénéfices créées par des structures qui impliquent des parties liées. Néanmoins, comme les structures de BEPS font généralement intervenir des filiales en propriété exclusive ou du moins des filiales contrôlées par des parties liées, le fait de mettre l'accent sur les parties liées devrait malgré tout permettre de couvrir la plupart des structures qui posent des problèmes de BEPS[6]. La section suivante illustre par un exemple le fonctionnement d'un test fondé sur les parties liées.

42. A Co 1 et A Co 2 sont des parties indépendantes établies dans le Pays A. Pour que les règles relatives aux SEC du Pays A s'appliquent, des parties liées ou des résidents qui

Graphique 2.3. **Participation de contrôle détenue par des parties liées**

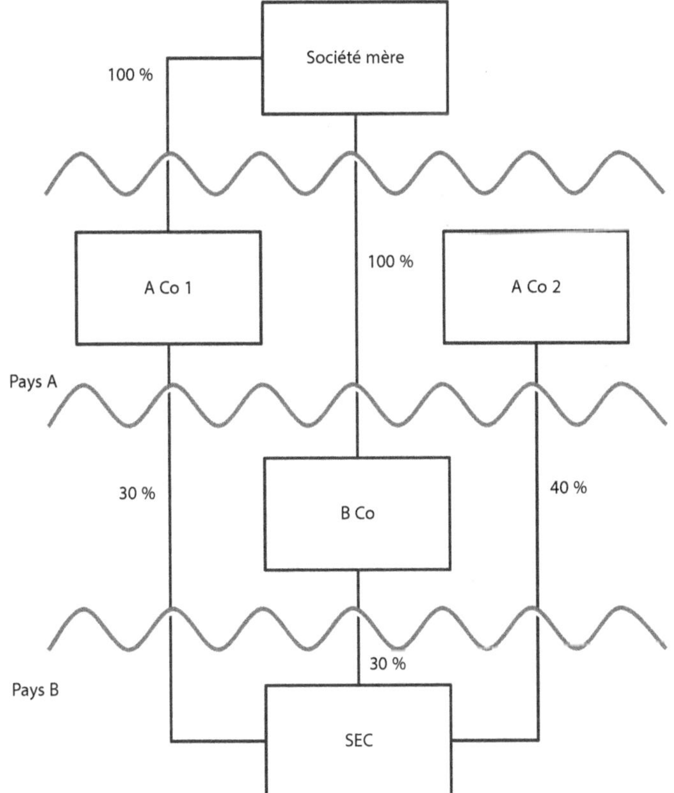

agissent de concert doivent détenir une participation cumulée de plus de 50 % dans la SEC. La société mère divise la participation dans la SEC entre A Co 1 et B Co dans le but de contourner le critère de contrôle dans le Pays A. Si toutefois le Pays A appliquait une règle fondée sur les parties liées qui additionne les participations des parties liées pour calculer le contrôle, A Co 1 serait alors considérée comme actionnaire de contrôle en raison de la participation commune entre A Co 1 et B Co, toutes deux détenues par la société mère. Cela signifie que 30 % du revenu de la SEC serait attribué à A Co 1. Aucun revenu ne serait attribué à A Co 2. Le même résultat serait probablement obtenu selon un test fondé sur l'action de concert. L'attribution de revenu à B Co dépendrait des règles en vigueur dans le Pays B, mais si le même type de règle fondée sur les parties liées s'appliquait, alors 30 % du revenu de la SEC serait également attribué à B Co.

43. La troisième méthode par laquelle les règles relatives aux SEC déterminent si des actionnaires minoritaires exercent une influence sur la SEC consiste à imposer un critère de concentration de l'actionnariat. Aux États-Unis, par exemple, les participations de tous les résidents dans la SEC sont additionnées dès lors que chacune d'elles dépasse 10 %. Selon cette approche, les participations d'un groupe concentré de résidents sont prises en compte, et il n'est plus nécessaire d'adopter des règles séparées d'attribution, puisque le seuil de 10 % peut aussi servir à identifier les résidents auxquels une partie du revenu sera attribuée. Un critère de concentration de l'actionnariat peut aussi s'appliquer dès qu'un petit nombre d'actionnaires résidents (cinq ou moins, par exemple) se partagent la propriété de la SEC, quel que soit leur pourcentage de participation, mais cette option peut entraîner des contraintes administratives et de discipline. Les règles applicables aux SEC qui additionnement toutes les participations qui dépassent un seuil peu élevé (par exemple, 10 %), ou qui prennent seulement en compte le nombre d'actionnaires ne permettent pas toujours de déterminer précisément si des contribuables agissent de concert.

44. On peut se référer au graphique 2.3 pour illustrer le fonctionnement du critère de concentration de l'actionnariat. Si le Pays A étendait son critère de contrôle et appliquait ses règles dès lors qu'il existe un petit groupe d'actionnaires résidents, en l'espèce A Co 1 et A Co 2, alors les règles relatives aux SEC s'appliqueraient et 30 % du revenu de la SEC serait attribué à A Co 1 et 40 % à A Co 2. Les règles ne pourraient pas être contournées, mais une partie du revenu serait attribuée à A Co 2. Cela ne poserait probablement pas de problème dans le cas d'une participation de 40 %, mais un test qui reposerait sur un petit groupe de résidents pourrait aboutir à attribuer des bénéfices à A Co 2 même si elle n'agit pas de concert avec A Co 1 et n'est pas réellement en mesure de transférer des revenus ou des bénéfices à la SEC.

45. La prise en compte des participations de contribuables non-résidents au titre de l'une de ces trois approches pourrait rendre les dispositions relatives au contrôle plus complexes, mais cet ajout pourrait être envisagé par les pays qui s'inquiètent du risque que des parties liées ou non liées agissent de concert pour tenter de contourner le critère de contrôle[7]. C'est pourquoi les recommandations ci-dessus ne préconisent pas de prendre également en compte les non-résidents pour déterminer le niveau de contrôle mais, comme pour toutes les recommandations, se contentent de fixer un critère minimum, et les juridictions qui poursuivent des objectifs différents pourraient tenir compte des participations de non-résidents pour déterminer si le seuil de 50 % (ou un seuil plus bas) est atteint. Si les juridictions choisissent cette option, une imposition des contribuables résidents seulement à hauteur de leur part effective du revenu de la SEC (plutôt que sur le montant cumulé) devrait dissiper les inquiétudes concernant la double imposition.

46. Quelle que soit l'approche retenue, la définition du contrôle devrait inclure le contrôle direct et indirect, car des possibilités de transfert de bénéfices surviennent également lorsqu'une filiale est détenue indirectement par une holding intermédiaire. Si les règles relatives aux SEC ne s'appliquent pas aux participations indirectes, il est alors très facile de les esquiver. Le graphique 2.4 illustre l'une des questions posées par le contrôle indirect, à savoir si un niveau de contrôle indirect inférieur au seuil pourrait malgré tout conduire à conclure à l'existence d'un contrôle dès lors que ce seuil est atteint à chaque maillon de la chaîne de participation.

Graphique 2.4. **Calcul de la participation de contrôle indirecte**

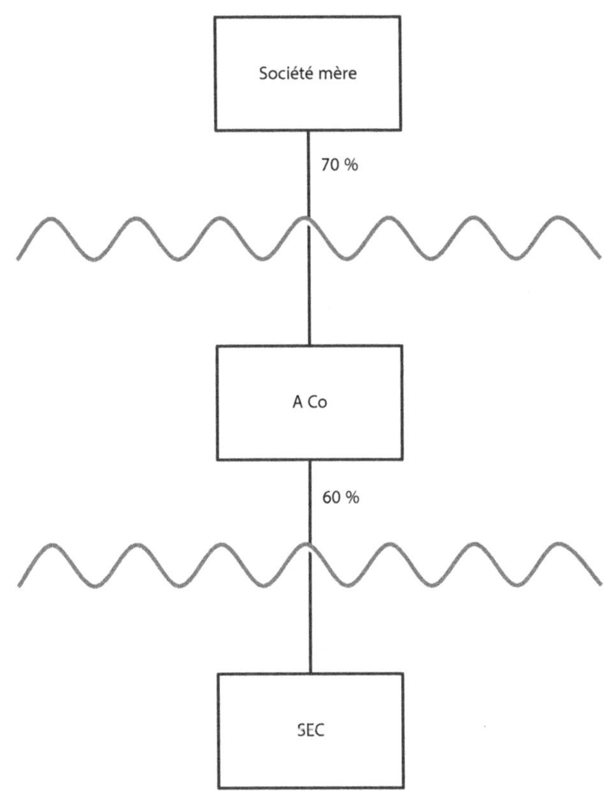

47. Dans cet exemple, la société mère détient une participation de 70 % dans A Co, qui détient une participation de 60 % dans la SEC. Par conséquent, le contrôle dépasse 50 % à chaque stade, mais la société mère proprement dite ne détient que 42 % (70 % × 60 %) de la SEC. Malgré ce contrôle économique limité, A Co. exerce un contrôle économique suffisant pour influer sur la SEC et la société mère exerce un contrôle économique suffisant pour influer sur A Co ; aussi, il est recommandé que les règles relatives aux SEC concluent que la société mère exerce une influence suffisante sur la SEC pour atteindre le seuil de contrôle puisque ce seuil est atteint à chaque maillon de la chaîne de participation[8]. Cependant, le montant attribué à la société mère devrait être limité à son intérêt économique effectif de 42 %.

48. Bien que la prise en compte du contrôle direct et indirect dans l'analyse puisse accroître le risque de double imposition si tous les pays adoptent des règles applicables aux SEC, des dispositions visant à réduire ou à supprimer la double imposition permettent d'y remédier[9].

49. Déterminer si une entreprise située dans la juridiction de la société mère exerce un contrôle implique aussi d'appliquer une règle qui détermine à quel moment le contrôle doit être évalué ainsi que les types d'entités concernées par le test de contrôle. Sur la première question, de nombreuses règles se basent sur le pourcentage de contrôle économique ou juridique détenu en fin d'année, mais les juridictions inquiètes des risques de contournement de cette règle peuvent également se doter de dispositions anti-abus ou appliquer un test qui détermine si la société mère exerçait un niveau de contrôle nécessaire à n'importe quel moment dans l'année. Sur la deuxième question, afin de garantir que toutes les situations dans lesquelles des actionnaires résidents ont la possibilité de transférer des bénéfices dans une filiale étrangère soient couvertes, les règles relatives aux SEC devraient examiner les participations détenues par tous les actionnaires résidents, et ne pas se limiter aux personnes morales ou à d'autres catégories restreintes.

Notes

1. Cela inclut toute succursale qui, selon la définition du droit interne, est assimilée à un ES.

2. Ce n'est pas la seule manière de traiter ce problème. Une juridiction qui suit une approche fondée sur les bénéfices excédentaires similaire à celle décrite au chapitre 4, par exemple, peut se passer d'une règle supplémentaire visant ce type d'asymétries hybrides si une telle approche prend en compte le revenu perçu dans une situation semblable à celle illustrée dans le graphique 2.1.

3. Plusieurs pays, dont les États-Unis, prévoient dans les règles relatives aux SEC des exceptions visant les paiements effectués entre entreprises situées dans le même pays.

4. Certaines règles relatives aux SEC reconnaissent qu'un contrôle peut être exercé lorsque la participation est inférieure à 50 %. Par exemple, en Nouvelle-Zélande, le seuil de contrôle est atteint lorsqu'un résident néo-zélandais détient 40 % ou plus de la filiale étrangère. Observons qu'un seuil de contrôle bien plus bas peut, selon les règles relatives aux SEC des États membres de l'UE, entraîner des problèmes juridiques au regard du droit communautaire, même si elles ne s'appliquent pas aux SEC dans d'autres États membres. En effet, avec la réduction du seuil de contrôle, les règles relatives aux SEC peuvent mettre en cause non seulement la liberté d'établissement, mais aussi la libre circulation du capital, qui concerne les règles des États membres qui sont discriminatoires à l'égard de résidents de pays tiers ainsi que de résidents d'autres États membres. Ce problème ne survient que si le seuil est réduit en dessous du niveau « d'influence significative ».

5. Un scénario similaire à celui présenté ci-dessus pourrait se produire s'il existe une coentreprise. Certains pays sont dotés de règles spécifiques aux coentreprises. Au Royaume-Uni, un résident britannique qui détient 40 % d'une coentreprise est considéré comme exerçant le contrôle s'il existe un résident non britannique qui détient au moins 40 % et au plus 55 % des intérêts juridiques et économiques dans la coentreprise. Cette règle a le même effet qu'une règle fondée sur l'action de concert.

6. Néanmoins, cette stratégie risque de ne pas couvrir tous les structures qui posent des problèmes de BEPS, et d'autres points du Plan d'action reconnaissent que des parties indépendantes

peuvent agir ensemble en vue de parvenir à un certain résultat. Les travaux portant sur les montages hybrides, par exemple, examinent les dispositifs structurés qui font intervenir des parties indépendantes.

7. Les contribuables non résidents dont les participations pourraient être prises en compte incluent les membres de la famille des actionnaires résidents ou les membres du conseil d'administration de sociétés mères nationales.

8. Lorsque par exemple l'existence du contrôle est établie à un niveau, certaines règles relatives aux SEC considèrent que le contrôle à ce niveau atteint 100 % aux fins du calcul du contrôle indirect de l'échelon suivant.

9. Voir le chapitre 7.

Chapitre 3

Exonérations et critères de seuil applicables aux SEC

50. Des exonérations et critères de seuil peuvent être utilisés pour limiter le champ d'application des règles relatives aux SEC en excluant les entités peu susceptibles de poser de grands risques d'érosion de la base d'imposition et de transfert de bénéfices, et en se concentrant plutôt sur les cas plus risqués parce qu'ils présentent des caractéristiques ou un comportement associés à des pratiques de transfert de bénéfices. Ces dispositions peuvent faire en sorte que les règles relatives aux SEC soient mieux ciblées et plus efficaces, tout en réduisant la charge administrative globale en permettant à certaines entreprises de sortir du champ couvert par les règles, bien que ces entreprises puissent être toujours tenues de satisfaire à certaines obligations déclaratives pour montrer que les règles ne leur sont pas applicables en vertu de ces dispositions.

3.1. Recommandations

51. La recommandation consiste à prévoir une exonération fondée sur le taux d'imposition, disposant que les sociétés imposées à un taux effectif suffisamment proche de celui en vigueur dans la juridiction de la société mère ne sont pas soumises à une imposition au titre des règles relatives aux SEC. Selon cette exonération fondée sur le taux d'imposition, toutes les SEC imposées à un taux effectif sensiblement inférieur au taux en vigueur dans la juridiction de la société mère seraient soumises aux règles applicables aux SEC. À cette exonération pourrait être associée une liste telle qu'une liste blanche.

3.2. Explication

52. Trois catégories d'exonérations et de critères de seuil applicables aux SEC ont été examinées par les pays qui ont participé à ces travaux :

1. un montant minimum en dessous duquel les règles relatives aux SEC ne s'appliqueraient pas;
2. une règle anti-évasion selon laquelle les règles relatives aux SEC s'appliqueraient aux situations caractérisées par l'existence ou la recherche d'une évasion fiscale;
3. une exonération fondée sur le taux d'imposition selon laquelle les règles relatives aux SEC s'appliqueraient uniquement aux SEC établies dans des pays dont le taux d'imposition est inférieur à celui applicable à la société mère.

3.2.1. Seuil d'exonération

53. Un seuil d'exonération pourrait réduire les contraintes administratives et aboutir à des règles plus ciblées et efficaces en excluant certaines entreprises[1]. Les règles de nombreux pays comportent déjà un seuil d'exonération en dessous duquel un revenu qui serait en principe considéré comme généré par une SEC n'est pas inclus dans le revenu imposable de la société mère s'il reste inférieur à un certain plafond. En général, les pays accordent une exonération par entité lorsque le revenu attribuable de l'entité est inférieur à un certain pourcentage du revenu de la SEC ou à un montant fixe de ce revenu, ou lorsque les bénéfices imposables sont inférieurs à un montant fixe. Certaines règles prévoient également un plafonnement distinct pour certains types de bénéfices qui présentent un risque plus élevé de transfert. Par exemple, le Royaume-Uni applique deux seuils différents, dont un seuil d'exonération beaucoup plus élevé applicable aux SEC si elles peuvent démontrer qu'elles perçoivent peu de revenu susceptible d'être très mobile.

54. Un moyen possible de contourner le seuil d'exonération est de pratiquer une fragmentation, par laquelle les entreprises scindent leur revenu entre de multiples filiales, chacune se situant en dessous du seuil. Les règles actuelles des pays prévoient souvent des

Graphique 3.1. **Critère d'exonération**

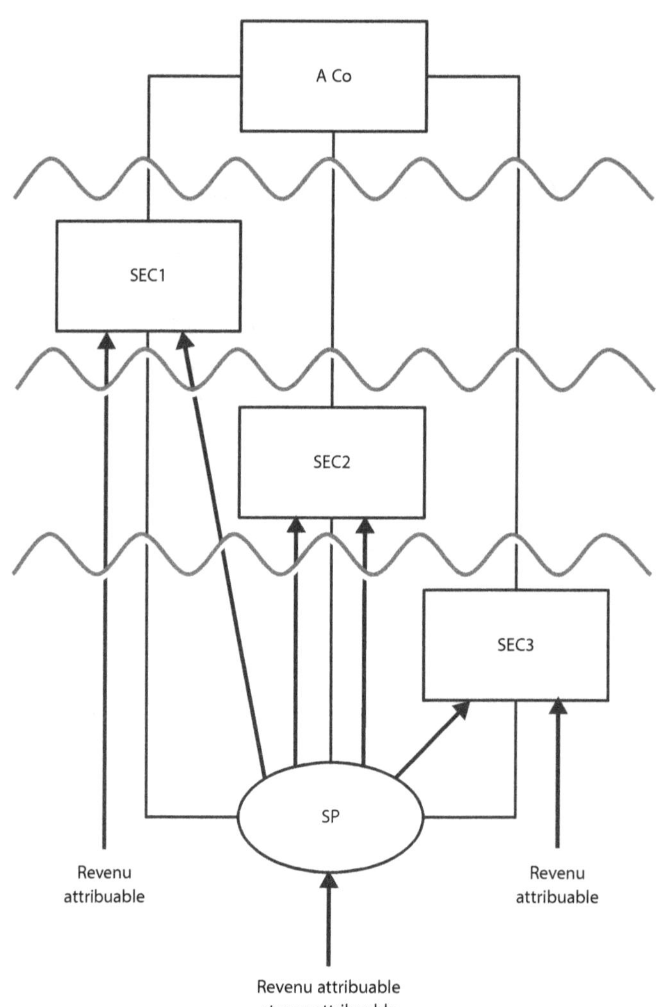

protections contre ce procédé de contournement des règles. Même si elles peuvent rendre les règles plus complexes, l'expérience des pays a montré que ces protections ne sont pas nécessairement incompatibles avec l'objectif du seuil, à savoir réduire les contraintes administratives et de discipline. Par exemple, le critère d'exonération appliqué par les États-Unis comporte une règle générale anti-abus qui examine le revenu combiné de deux entreprises étrangères contrôlées ou plus et considère qu'il est généré par une seule entreprise si la principale finalité de l'organisation, de l'acquisition ou du maintien de ces entreprises sous une forme distincte est d'empêcher que ce revenu soit attribuable en vertu du critère d'exonération. Bien que cette règle anti-abus alourdisse la charge administrative potentielle, cet inconvénient est contrebalancé par la présomption réfragable selon laquelle le revenu de plusieurs SEC est automatiquement considéré comme le revenu d'une seule société si les SEC sont des entités liées et qu'elles réalisent une activité auparavant assurée par une seule SEC, ou qu'elles réalisent une activité en qualité d'associés dans une société de personnes liée. En Allemagne, le critère d'exonération est soumis à la condition que le revenu attribuable ne dépasse pas un montant identique au niveau de la SEC et au niveau de l'actionnaire. Cela signifie que même si le revenu attribuable d'une SEC ne dépasse pas le seuil, la SEC peut être malgré tout soumise aux règles si ce même seuil est dépassé lorsqu'on additionne l'ensemble des participations d'un contribuable dans plusieurs SEC. Le graphique 3.1 illustre ces deux types de règles anti-fragmentation.

55. Dans le graphique 3.1, le Groupe A réorganise ses activités de façon à scinder des bénéfices auparavant générés par une seule SEC entre trois SEC situées dans des juridictions différentes. Après la réorganisation, A Co est l'unique actionnaire de trois sociétés étrangères contrôlées. SEC1, SEC2 et SEC3 ont toutes le même exercice fiscal, et sont associées dans SP, une entité étrangère située dans le Pays C et considérée comme une société de personnes. Pour l'exercice fiscal en cours, chacune des SEC perçoit une partie de son revenu attribuable de SP et une partie d'autres activités menées séparément.

56. Selon le critère d'exonération applicable dans le Pays A, le revenu attribuable de la SEC n'est pas pris en compte aux fins de l'imposition par le pays de résidence si la somme du revenu attribuable de la SEC est inférieure à 5 % du revenu total ou à 1 000 000, le moins élevé des deux s'appliquant. Sur la base des chiffres figurant dans le tableau ci-dessous, le revenu attribuable perçu par chaque SEC pour l'exercice fiscal en cours, y compris le revenu provenant de SP, est inférieur à 5 % du revenu brut total de chaque SEC ou à 1 000 000.

	SEC 1	SEC 2	SEC 3
Revenu brut	3 000 000	7 000 000	11 000 000
5 % du revenu brut	150 000	350 000	550 000
Revenu attribuable	140 000	348 000	547 000

57. Aussi, en l'absence d'une règle anti-abus, chaque SEC serait considérée comme n'ayant aucun revenu attribuable après application du critère d'exonération.

58. Si toutefois le Pays A adoptait une règle anti-abus analogue à celle des États-Unis ou une règle anti-fragmentation comparable à celle de l'Allemagne, A Co serait assujettie à l'imposition de la SEC au titre du revenu perçu par ses filiales étrangères. Si le Pays A disposait d'une règle anti-abus qui traite le revenu des trois SEC comme étant le revenu d'une seule SEC pour le calcul du seuil d'exonération dès lors que les SEC sont des parties liées (ou que la principale finalité de l'organisation, de l'acquisition ou du maintien de ces entreprises sous une forme distincte est d'empêcher que ce revenu soit attribuable en vertu du critère d'exonération), le revenu attribuable serait alors agrégé. La somme du revenu attribuable des SEC est de 1 035 000, ce qui dépasse le seuil d'exonération de 1 000 000,

et sera pris en compte selon les règles applicables aux SEC du Pays A. Si au contraire le Pays A était doté d'une règle prévoyant que le revenu attribuable au niveau de l'actionnaire ne doit pas dépasser le revenu attribuable au niveau de la SEC, le seuil d'exonération serait également dépassé parce que le revenu attribuable au niveau de l'actionnaire atteint 1 035 000, alors qu'il est beaucoup plus faible au niveau des SEC.

59. Aussi, bien qu'aucune recommandation générale pour ou contre un seuil d'exonération ne soit formulée au titre de cette composante, si les juridictions optent pour un tel seuil, la bonne pratique serait de l'associer à une règle anti-fragmentation.

3.2.2. Critère anti-évasion fiscale

60. Si un critère anti-évasion s'applique, seules les transactions et les structures destinées à éviter l'impôt sont soumises aux règles relatives aux SEC. Ce critère pourrait réduire l'efficacité des règles relatives aux SEC en tant que mesures préventives, et alourdir les contraintes administratives et de conformité liées à ces règles s'il était appliqué d'emblée. En outre, une règle anti-évasion ne devrait pas être nécessaire si les règles qui font entrer le revenu dans le champ d'un régime SEC sont correctement ciblées. Aussi, l'opportunité d'une règle anti-évasion n'est pas examinée plus avant dans ce rapport, mais cela ne signifie pas qu'une telle règle n'a aucune place dans le régime relatif aux SEC visant à combattre les pratiques de BEPS.

3.2.3. Exonération fondée sur le taux d'imposition

61. La plupart des règles relatives aux SEC prévoient une exonération fondée sur le taux d'imposition qui permet d'écarter les SEC imposées selon un taux qui dépasse un niveau fixé. Cette exonération est proposée ici pour deux raisons. Premièrement, avec cette approche, les règles s'appliquent uniquement aux entreprises qui bénéficient d'une faible charge fiscale à l'étranger et qui posent donc le plus grand risque de transfert de bénéfices. Deuxièmement, se concentrer sur les SEC faiblement taxées peut procurer une plus grande certitude aux contribuables et alléger la charge administrative globale. Toutefois, une exonération fondée sur le taux d'imposition peut signifier que les règles relatives aux SEC n'empêchent pas toutes les pratiques d'érosion de la base d'imposition et de transfert de bénéfices, puisqu'elles laissent toujours libre cours à l'érosion de l'assiette de la juridiction de la société mère en faveur de juridictions à fiscalité élevée ou moyenne, de sorte que quelques juridictions ont renoncé à une telle exonération.

62. Les juridictions peuvent recourir à différentes méthodes pour déterminer si une SEC a bénéficié d'un faible taux d'imposition. Elles peuvent demander aux contribuables de suivre une approche comparative au cas par cas, ou utiliser une liste noire ou une liste blanche pour simplifier le processus. L'utilisation d'une liste supprime en général la nécessité d'une analyse au cas par cas du taux d'imposition supporté par une SEC, et offre un moyen de signaler si telle ou telle juridiction applique un taux de prélèvement inférieur. L'utilisation de listes noires ou blanches aide les administrations fiscales à déterminer dans quelles circonstances les règles relatives aux SEC s'appliquent et permet aux contribuables de savoir s'ils y seront soumis ; à ce titre l'utilisation de listes telles que des listes blanches figure parmi les recommandations formulées dans le cadre de cette composante. Le Royaume-Uni, par exemple, tient une liste blanche qui exclut les SEC situées dans des juridictions suffisamment proches du Royaume-Uni en termes de base et de taux d'imposition, à condition que plusieurs autres conditions soient réunies[2]. La Finlande publie une liste de pays signataires d'une convention fiscale (hors États membres de l'UE) considérés comme faiblement taxés, au regard des taux nominaux d'imposition et des incitations fiscales, mais attribue le statut de SEC à une entreprise située dans ces

pays uniquement si cette entreprise paie moins de trois cinquièmes des impôts qu'elle aurait payés en Finlande. Cette approche part donc de l'hypothèse qu'une SEC est faiblement taxée, mais cette hypothèse doit être étayée par une comparaison effective des impôts acquittés. La Suède suit une démarche similaire et classe les pays en trois catégories : *(i)* les pays dans lesquels aucune entité ne serait une SEC ; *(ii)* les pays dans lesquels les entités n'ayant pas de revenu de SEC ne seraient pas des SEC, alors que les entités ayant un revenu de SEC seraient soumises au test de la faible imposition ; et *(iii)* les pays dans lesquels l'ensemble du revenu serait soumis au critère de l'exonération fondée sur le taux d'imposition. L'Australie utilise une liste blanche : les entreprises établies dans des pays dont le système de l'impôt sur les bénéfices des sociétés est comparable à celui en vigueur en Australie échappent à l'impôt sur les SEC. Les SEC établies dans une juridiction figurant sur cette liste ne sont pas couvertes par les règles australiennes relatives aux SEC, sauf si elles font l'objet d'un régime fiscal de faveur.

63. Les critères d'exonération fondée sur le taux d'imposition supposent qu'une SEC ait été imposée selon un taux inférieur à un niveau de référence donné. Ils s'appuient sur deux approches de référence. Soit ils comparent le taux d'imposition en vigueur dans la juridiction de la SEC à un taux fixe donné considéré comme faible, soit ils comparent le taux d'imposition en vigueur dans la juridiction de la SEC à une fraction ou à un pourcentage du taux applicable dans le pays de la société mère. Ces deux approches sont également pertinentes pour la conception de règles visant à lutter sont les pratiques de BEPS car elles reconnaissent toutes les deux que l'incitation à transférer des bénéfices sera amplifiée s'il existe un différentiel significatif entre les taux effectifs d'imposition.

64. Selon la première approche, les pays devraient définir un taux d'imposition fixe en dessous duquel leurs règles relatives aux SEC pourraient s'appliquer. Les règles allemandes en sont un exemple, puisqu'elles considèrent que toute imposition inférieure à 25 % est faible. Dans la deuxième approche, le critère d'exonération fondée sur le taux d'imposition utilise un pourcentage de l'impôt qui aurait été payé à la juridiction de la société mère, l'analyse englobant le taux et la base d'imposition. Les règles relatives aux SEC appliquées par le Royaume-Uni et par la Finlande illustrent cette approche. Selon la législation britannique, on ne peut pas parler de faible imposition si le « montant de l'impôt local » représente au moins 75 % de « l'impôt correspondant au Royaume-Uni ». Comme on l'a vu précédemment, la Finlande considère qu'un régime de faible imposition existe si l'entreprise paie moins des trois cinquièmes des impôts qui auraient été payés en Finlande. Quelle que soit l'approche retenue, le taux de référence doit être sensiblement inférieur au taux d'imposition en vigueur dans le pays qui applique les règles relatives aux SEC. La plupart des règles relatives aux SEC utilisent comme référence un taux équivalent au maximum à 75 % du taux légal de l'impôt sur les sociétés.

65. Une fois le taux de référence fixé, les règles relatives aux SEC doivent déterminer le taux d'imposition en vigueur dans la juridiction de la SEC pour le comparer au taux de référence. Les règles actuelles relatives aux SEC procèdent de deux manières. Elles comparent le taux de référence : soit *(i)* au taux d'imposition nominal (ou légal) en vigueur dans la juridiction de la SEC ; soit *(ii)* au taux d'imposition effectif[3] de la SEC. Bien que l'utilisation du taux légal puisse réduire les contraintes administratives et de discipline, il est recommandé d'utiliser le taux effectif. En effet, il tient compte de la base d'imposition ou d'autres dispositions fiscales susceptibles d'augmenter ou de réduire le taux effectivement supporté par la SEC, de sorte que la comparaison sera probablement beaucoup plus précise qu'avec l'utilisation du taux légal. Toutefois, l'utilisation du taux effectif implique de suivre deux étapes pour déterminer si l'exonération fondée sur le taux d'imposition est applicable. Premièrement, il faut calculer le taux d'imposition effectif, ce qui nécessite de déterminer le

montant d'impôt payé par la SEC et le montant du revenu perçu par la SEC. Deuxièmement, il faut comparer le taux d'imposition effectif au taux de référence.

66. Le calcul du taux d'imposition effectif consiste habituellement à faire le ratio entre l'impôt effectivement payé dans la juridiction de la SEC et le total du revenu imposable calculé selon les règles du pays de la société mère/de l'actionnaire ou selon une norme comptable internationale telle que les normes internationales d'information financière (IFRS). Cette méthode reconnaît généralement que même dans une situation où le taux légal n'est pas considéré comme étant un taux faible, une situation de faible imposition peut exister en raison *(i)* du rétrécissement de la base d'imposition ; ou *(ii)* de l'allégement de la charge fiscale au moyen de remboursements d'impôt ultérieurs ou l'absence de recouvrement des impôts[4]. Les deux exemples suivants en donnent une illustration.

a) **Exemple 1** : Une SEC établie dans le Pays C génère un revenu de 80 000 au cours d'un exercice. Le Pays A applique ses règles relatives aux SEC si le taux d'imposition effectif appliqué à la SEC est inférieur au taux fixe de 25 %, en tenant compte de la base d'imposition calculée en fonction des règles du Pays A. Le Pays C accorde un abattement de 20 % pour le calcul du revenu imposable afin d'encourager les investissements.

Calcul de l'impôt effectivement payé dans le Pays C :	
Revenu dans le Pays C	80 000
Abattement (20 %)	16 000
Revenu imposable	64 000
Impôt dû (30 %)	19 200
Impôt effectivement payé	19 200
Revenu dans le Pays C :	
Revenu dans le Pays C[5]	80 000
Calcul du taux effectif d'imposition :	
19 200/80 000	**24 %**

b) **Exemple 2 :** Une SEC établie dans le Pays C génère un revenu de 80 000 au cours d'un exercice. Le Pays A applique ses règles relatives aux SEC si le taux d'imposition effectif appliqué à la SEC est inférieur au taux fixe de 25 %, en tenant compte de la base d'imposition calculée en fonction des règles du Pays A. Le Pays C n'applique aucun abattement pour encourager les investissements. Toutefois, selon les règles en vigueur dans le Pays C, les actionnaires de la SEC peuvent réclamer le remboursement de 20 % de l'impôt sur les bénéfices payé par la SEC au moment de la distribution des dividendes. Les dividendes seraient exonérés d'impôt dans le Pays A.

Calcul de l'impôt effectivement payé dans le Pays C :	
Revenu	80 000
Revenu imposable	80 000
Impôt dû (30 %)	24 000
Remboursement lors de la distribution (20 % de 24 000)	4 800
Impôt effectivement payé	19 200
Revenu dans le Pays C :	
Revenu dans le Pays C[6]	80 000
Calcul du taux effectif d'imposition :	
19 200/80 000	**24 %**

67. Dans les exemples 1 et 2, l'exonération fondée sur le taux d'imposition ne s'applique pas parce que le taux effectif d'imposition est inférieur au taux de référence fixé à 25 %. Le calcul du taux effectif d'imposition doit donc permettre de vérifier que les situations telles que celles décrites dans les exemples 1 et 2 sont soumises aux règles applicables aux SEC et les indications données ci-dessous permettent de s'en assurer.

68. Le calcul du taux effectif d'imposition fait intervenir une fraction dont le numérateur est l'impôt effectivement payé et le dénominateur le revenu de la SEC. Bien que le calcul de l'impôt effectivement payé puisse nécessiter de prouver que l'impôt a bien été recouvré, sans remboursement, la définition du numérateur pourrait être simplifiée en se concentrant uniquement sur la charge fiscale finale (en tenant compte, par exemple, des remboursements ultérieurs et des absences de recouvrement des impôts). Le numérateur pourrait aussi englober tous les impôts acquittés par la SEC qui sont comparables à l'impôt sur les bénéfices des sociétés en vigueur dans la juridiction de la société mère.

69. Par rapport au calcul de l'impôt effectivement payé, il peut être plus difficile de déterminer ce qu'il faut inclure dans le revenu total imposable (le dénominateur). Si le dénominateur fait référence à la base d'imposition étrangère, le taux effectif de l'impôt serait égal au taux légal en vigueur dans la juridiction de la SEC[7], ce qui saperait l'objectif du calcul du taux effectif d'imposition. Par conséquent, le dénominateur devrait être soit la base d'imposition dans la juridiction de la société mère si le revenu de la SEC y a été réalisé, soit la base d'imposition calculée selon une norme comptable internationale telle que les IFRS, en opérant des ajustements pour tenir compte des rétrécissements de la base qui aboutissent à une faible imposition du revenu de la SEC[8].

70. En théorie, le calcul du taux effectif d'imposition pourrait aboutir à un taux effectif *plus élevé* que le taux légal en vigueur dans la juridiction de la SEC si la base établie selon les règles de la juridiction de la société mère est plus étroite que celle établie selon les règles de la juridiction de la SEC. Mais cette situation est peu probable dans la pratique, car les groupes ne s'établiraient pas dans des juridictions où l'avantage d'un faible taux légal est entièrement ou partiellement compensé par un traitement fiscal défavorable lors du calcul de la base (dépenses non déductibles, par exemple).

71. Le calcul du taux effectif d'imposition pourrait aussi être influencé par « l'unité » utilisée pour le calcul. Selon les règles des pays, le taux effectif est généralement calculé sur une base entreprise par entreprise, quoiqu'il pourrait en théorie être établi de façon plus étroite ou plus large. Selon une approche étroite, on pourrait calculer le taux effectif d'imposition pour chaque élément de revenu perçu par une entreprise. Cette approche permet aux juridictions d'appliquer l'exonération fondée sur le taux d'imposition uniquement au revenu considéré comme étant attribuable selon les règles applicables aux SEC. Si par exemple des redevances ont été soumises à l'impôt en vertu de la définition du revenu de la SEC en vigueur dans une juridiction, l'exonération fondée sur le taux d'imposition s'appliquerait plus spécifiquement à ce revenu, à condition que le taux effectif d'imposition ait été calculé de façon étroite pour chaque type de revenu. Cette approche peut aussi permettre de traiter plus directement les situations dans lesquelles uniquement certains types de revenu sont faiblement imposés, tandis que d'autres sont soumis à l'impôt normal. Toutefois, le calcul du taux effectif sur une base étroite augmenterait les contraintes administratives et de discipline associées à l'exonération fondée sur le taux d'imposition. Une approche large pourrait calculer le taux effectif sur une base entreprise par entreprise ou pays par pays. En procédant pays par pays, le revenu de toutes les entités d'un groupe dans un même pays serait agrégé pour obtenir le taux effectif d'imposition. Ces approches plus larges réduiraient certes la complexité administrative et la charge de

discipline associées à l'exonération fondée sur le taux d'imposition, mais procéder pays par pays serait plus complexe qu'entreprise par entreprise, car cela impliquerait d'agréger les calculs pour l'ensemble des SEC dans chaque juridiction au lieu de calculer simplement le taux effectif d'imposition pour chaque SEC. Si les juridictions des SEC exemptent les établissements stables (ES) de l'impôt, le taux effectif d'imposition des établissements stables d'une SEC devrait être calculé séparément de celui de la SEC afin d'empêcher que les taux d'imposition de l'ES et de la SEC soient combinés pour soustraire à l'impôt, de manière injustifiée, le revenu d'une SEC.

Notes

1. Un seuil d'exonération pourrait également supprimer la nécessité d'adopter une règle spéciale excluant le fonds de roulement selon une approche transactionnelle. Voir le chapitre 4.

2. Ces conditions sont les suivantes : le montant de certains types de revenu définis qui n'est pas effectivement imposé sur le territoire de résidence de la SEC doit être insignifiant, aucun élément du revenu de la SEC n'a été généré en utilisant une PI qui a été effectivement transférée depuis une partie liée au Royaume-Uni au cours des six dernières années, et la SEC n'est pas partie à un dispositif visant à créer un avantage fiscal au Royaume-Uni en faveur d'une quelconque personne.

3. Le taux d'imposition effectif peut être déterminé en faisant la moyenne des taux d'imposition effectifs sur plusieurs années.

4. Toutefois, lorsque les juridictions ne conduisent pas une analyse de substance du type de celle exposée au chapitre 4, elles peuvent choisir d'ajuster le calcul du taux effectif d'imposition de sorte qu'une charge fiscale moindre n'affecte pas le calcul aux fins de l'application d'un régime relatif aux SEC dans la mesure où elle est justifiée par des normes généralement acceptées, telles que l'approche du lien retenue au titre de l'action 5.

5. Le revenu est calculé selon les règles du Pays A. Tous les autres calculs effectués dans ce tableau sont effectués en utilisant les règles du Pays C, car elles ont été employées pour déterminer l'impôt effectivement payé au Pays C.

6. Le revenu est calculé selon les règles du Pays A. Tous les autres calculs effectués dans ce tableau sont effectués en utilisant les règles du Pays C, car elles ont été employées pour déterminer l'impôt effectivement payé au Pays C.

7. Cela est vrai uniquement en l'absence de remboursement et si l'impôt a bien été recouvré.

8. Cette base d'imposition nécessiterait de déterminer comment traiter les reports de pertes de la SEC depuis des exercices antérieurs ainsi que les pertes éventuelles autorisées dans un régime de consolidation ou d'intégration fiscale. Si la législation applicable aux SEC utilise les règles de la juridiction de la société mère pour calculer le revenu imposable, les pertes peuvent elles aussi être traitées selon ces mêmes règles (ce qui pourrait signifier qu'un régime de consolidation dans la juridiction de la SEC ne serait pas pris en compte aux fins de l'imposition de la SEC par la juridiction de la société mère). Si au contraire une norme commune est utilisée, il faudrait disposer d'une règle commune portant sur l'utilisation des pertes aux fins du calcul du revenu imposable.

   La plupart des pays appliquent généralement leurs propres règles pour calculer la base d'imposition de la SEC. En principe, néanmoins, toutes les différences de calcul de la base d'imposition de la SEC selon les règles de la juridiction de la SEC et de celle de la société mère ne soulèvent pas les inquiétudes habituellement liées aux dispositions fiscales préférentielles ou aux pratiques susceptibles de réduire la base d'imposition de certains revenus et qui ont donc pour effet de minorer significativement les impôts payés par la SEC. C'est pourquoi, en théorie, les règles relatives aux SEC pourraient tenir compte uniquement des différences qui soulèvent de telles inquiétudes lors du calcul de la base d'imposition de la SEC. Si par exemple la base d'imposition de la juridiction de la société mère est supérieure à celle de la juridiction de la SEC uniquement en raison de différences temporelles de comptabilisation, le dénominateur n'a pas forcément à en faire état. Une exemption de participation peut aussi ne pas entrer dans le champ des avantages fiscaux pris en compte pour déterminer le dénominateur, parce qu'elle est généralement accordée en vue de supprimer la double imposition et non pour alléger la charge fiscale effective. Toutefois, le dénominateur devrait tenir compte de toute différence résultant d'un avantage fiscal dans la juridiction de la SEC dès lors que cette mesure a pour seul but d'attirer des capitaux étrangers et fait donc naître un risque de transfert de bénéfices. Une déduction d'intérêts notionnels accordée dans ce but peut être un exemple d'un tel avantage fiscal. Bien qu'il soit en théorie pertinent de faire une distinction entre les définitions de la base d'imposition qui mettent en jeu les préoccupations sous-tendant les règles relatives aux SEC et celles qui ne le font pas, les seules règles susceptibles d'opérer une telle distinction sont celles qui prennent comme point de départ la base d'imposition calculée selon les règles de la juridiction de la SEC, puis l'ajustent à la hausse pour refléter les règles de la juridiction de la société mère.

Chapitre 4

Définition du revenu d'une SEC

72. Ce chapitre étudie la troisième composante du régime applicable aux SEC, consacrée à la définition du revenu de la SEC. Lorsqu'il s'avère qu'une entreprise étrangère est une SEC, la question suivante consiste à déterminer si, de par sa nature, le revenu perçu par la SEC peut soulever des préoccupations en matière fiscale et s'il devrait être attribué aux actionnaires ou aux parties qui exercent le contrôle. C'est pourquoi les règles relatives aux SEC doivent définir le revenu attribuable, également appelé « revenu de la SEC » dans ce rapport.

4.1. Recommandation

73. Ce rapport préconise que les règles applicables aux SEC comprennent une définition du revenu pour faire en sorte que tout revenu soulevant des préoccupations en matière de BEPS soit attribué aux actionnaires exerçant le contrôle dans la juridiction de la société mère. Dans le même temps, il reconnaît qu'une certaine latitude doit être accordée aux juridictions afin qu'elles puissent élaborer des règles applicables aux SEC qui soient compatibles avec leur propre cadre législatif interne. Les juridictions sont libres de choisir les règles de définition du revenu provenant d'une SEC, notamment en s'appuyant sur les mesures présentées dans la section consacrée aux explications ci-après. Lors de ce choix, chaque juridiction prendra probablement en compte de l'intensité des risques auxquels elle est confrontée en matière de BEPS.

4.2. Explication

74. Cette section présente une liste non exhaustive d'approches pouvant être employées par les règles relatives aux SEC pour attribuer des revenus soulevant des préoccupations en matière de BEPS, tels que, parmi d'autres, le revenu perçu par des SEC qui sont des sociétés holding, le revenu perçu par des SEC qui fournissent des services financiers et bancaires, le revenu perçu par des SEC qui pratiquent le financement commercial, le revenu d'actifs de PI, le revenu de biens et de services numériques, et le revenu provenant de transactions d'assurance captive et de réassurance[1]. Chacune de ces approches pourrait être appliquée de manière isolée ou conjointement avec d'autres approches. Les règles applicables aux SEC couvrent généralement le revenu qui a été isolé de la création de valeur sous-jacente afin de réduire le montant de l'impôt dû. Les règles actuelles relatives aux SEC utilisent différentes approches pour identifier le revenu soulevant des préoccupations en matière de BEPS. Citons quelques-unes de ces approches à titre d'exemple : déterminer si le revenu appartient à une catégorie qui est plus susceptible d'être mobile géographiquement; déterminer si le revenu a été perçu par des parties liées ou avec leur aide; déterminer la source du revenu; déterminer le niveau d'activité dans la SEC. Les juridictions dotées de règles applicables aux SEC privilégient des approches différentes en fonction de leurs priorités stratégiques.

75. Quelle que soit l'approche retenue, les règles applicables aux SEC devraient pour le moins identifier le rendement financier attribué par des règles relatives aux prix de transfert à une structure ad hoc exerçant des fonctions limitées (« cash box ») lorsque celle-ci répond aux conditions énoncées dans les composantes précédentes (même si, dans les régimes applicables aux SEC qui visent avant tout à protéger la base d'imposition dans la juridiction de la société mère, le degré d'inclusion du revenu peut dépendre de la proportion de ce revenu ayant été transféré depuis la juridiction de la société mère)[2]. Toutefois, comme indiqué dans le chapitre 1, chaque juridiction place les règles applicables aux SEC au service d'objectifs différents, et une approche uniquement centrée sur les rendements financiers ne répondrait pas aux objectifs de toutes les juridictions. Les analyses exposées ci-après offrent plusieurs options en vue d'une application plus large ou plus étroite des règles[3]. Les juridictions pourraient aussi adopter un système d'inclusion intégrale, qui considère que l'intégralité du revenu perçu par une SEC constitue le revenu de cette SEC, quelle que soit la nature du revenu. Les systèmes d'inclusion intégrale visent aussi à empêcher un report à long terme de l'impôt, ce qui est pertinent dans un contexte de systèmes fiscaux mondiaux.

4.2.1. Analyse catégorielle

76. Les règles applicables aux SEC en vigueur recourent le plus souvent à une analyse qui répartit le revenu en catégories et attribue différemment le revenu selon la catégorie dont il relève. Les juridictions établissent des catégories différentes en fonction des facteurs ou indices qu'elles jugent les plus importants : *(i)* classification juridique, *(ii)* existence d'une relation entre les parties, et *(iii)* source du revenu. Cependant, certains revenus entrant dans ces catégories ne font pas naître de risques d'érosion de la base d'imposition et de transfert de bénéfices.

4.2.1.1. Classification juridique

77. En règle générale, les juridictions commencent par classer le revenu selon une classification juridique en utilisant principalement les catégories suivantes[4] :

- dividendes
- intérêts
- revenu d'assurance
- redevances et revenu de la PI
- revenu des ventes et prestations de services.

78. Les juridictions qui utilisent une approche catégorielle fondée sur une classification juridique distinguent ces catégories de revenu car elles tendent à être plus géographiquement mobiles et, en conséquence, plus susceptibles de soulever les préoccupations auxquelles les règles applicables aux SEC cherchent à répondre.

- ***Dividendes*** – La première préoccupation liée au traitement des dividendes consiste à établir si ceux-ci peuvent être utilisés pour transférer vers une SEC un revenu exclusivement « passif » (c'est-à-dire qui n'a pas été généré par l'une des activités sous-jacentes). Les dividendes ne soulèvent habituellement pas de telles préoccupations dans au moins trois cas de figure. Premièrement, si les dividendes ont été versés à partir du revenu actif d'une filiale, ils ne posent pas, en principe, de problème en matière de BEPS. Deuxièmement, de nombreux pays ne soumettent plus à l'impôt certains dividendes, et il ne semble pas que le fait d'exonérer ceux perçus par la SEC, dans la mesure où ils auraient été exemptés d'impôt dans la juridiction de la société mère s'ils avaient été perçus par cette dernière, puisse soulever des préoccupations en matière de BEPS. Troisièmement, si la SEC mène une activité commerciale de négoce de titres, les dividendes payés à cette SEC ne font pas, en principe, apparaître de risques en matière de BEPS s'ils sont liés à l'activité économique ou commerciale de la SEC.

- ***Intérêts*** – La préoccupation générale qui entoure le traitement des revenus d'intérêts et des autres revenus financiers tient à la facilité avec laquelle ils peuvent être transférés, de sorte qu'ils auraient pu être transférés par la société mère dans la SEC, entraînant un possible surendettement de la société mère et une surcapitalisation de la SEC. Les intérêts et les revenus financiers sont plus susceptibles de soulever cette préoccupation dans les situations suivantes : ils ont été versés par des parties liées ; la SEC est surcapitalisée ; les activités ayant alimenté les intérêts sont exercées en dehors de la juridiction de la SEC ; ou le revenu n'a pas été généré par une fonction de financement active. Les règles conçues pour attribuer le revenu devraient prendre en compte les exigences auxquelles sont soumises les entités réglementées, notamment en matière de capitalisation ; ainsi une règle relative à la surcapitalisation ne devrait pas attribuer un revenu à une entité simplement parce que celle-ci est tenue de conserver un certain niveau de capital pour des raisons non fiscales.

- ***Revenu d'assurance*** – La préoccupation générale qui entoure le traitement du revenu généré par l'assurance de risques tient au fait que les bénéfices peuvent être transférés des juridictions où ces risques se situent vers une juridiction à faible fiscalité. Un revenu d'assurance est plus susceptible d'être utilisé à des fins de BEPS dans les trois situations suivantes : *(i)* la SEC était surcapitalisée par rapport à des sociétés comparables dans le secteur de l'assurance ; *(ii)* l'assuré, le rentier, le bénéficiaire ou l'emplacement des risques assurés se situait en dehors de la juridiction ; ou *(iii)* le revenu d'assurance provenait de contrats ou de polices conclus avec une partie liée, en particulier si cette dernière a également bénéficié d'une déduction au titre du paiement de la prime d'assurance. Toutefois, le revenu perçu par une entité réglementée au sein d'un groupe d'assurance ne soulève généralement pas les mêmes préoccupations en raison des limitations concernant les risques et le capital prévues par le cadre réglementaire[5].

- ***Redevances et revenu de la propriété intellectuelle (PI)*** – La préoccupation générale qui entoure le traitement des redevances et autres revenus de la PI est liée au fait que les actifs de PI sont très mobiles et que le revenu qu'ils génèrent peut être facilement transféré depuis le lieu de création de valeur. Le revenu de la PI (qui inclut le revenu généré par des biens et services numériques[6]) pose plusieurs difficultés au regard des règles relatives aux SEC :

  - Le revenu de la PI est particulièrement facile à manipuler parce qu'il peut être exploité et distribué sous de nombreuses formes différentes, qui peuvent toutes avoir une classification différente selon les règles relatives aux SEC de divers pays. Par exemple, ce revenu peut être intégré avec le revenu des ventes et ainsi traité comme un revenu actif des ventes en vertu des règles relatives aux SEC de certains pays.

  - Les actifs de PI sont souvent difficiles à valoriser parce qu'il existe rarement de comparables exacts, et que le coût d'acquisition de ces actifs peut constituer une mesure imprécise du revenu qu'ils sont susceptibles de générer[7].

- Il est souvent difficile de distinguer le revenu tiré directement de l'actif de PI sous-jacent du revenu tiré de services ou de produits associés.

Les règles applicables aux SEC qui utilisent une analyse catégorielle fondée sur une classification juridique cherchent souvent à régler les problèmes posés par le revenu de la PI en isolant les redevances et en les traitant comme un revenu attribuable. Compte tenu des enjeux présentés précédemment, toutefois, une répartition fondée sur une classification juridique ne suffit pas, à elle seule, à attribuer l'ensemble des revenus qui découlent en fait de la PI et posent des problèmes en matière de BEPS.

- ***Revenu des ventes et des services*** – Le revenu généré par la vente de biens produits dans la juridiction de la SEC ou de services fournis dans cette juridiction ne font pas naître, en règle générale, de risques de pratiques de BEPS. Toutefois, le revenu des ventes et des services peut générer des problèmes dans au moins deux cas de figure : *(i)* les sociétés de facturation ; et *(ii)* le revenu de la PI. Les sociétés de facturation suscitent des préoccupations car elles perçoivent des revenus pour des biens et des services qu'elles ont acquis auprès de parties liées et auxquels elles ont ajouté une valeur limitée, voire nulle. Comme indiqué plus haut, le revenu de la PI qui a été transféré vers la SEC et auquel celle-ci a ajouté une valeur limitée ou nulle, est souvent requalifié en tant que revenu des ventes et des services, échappant là encore à une inclusion dans le revenu de la SEC. Par conséquent, les analyses catégorielles fondées sur une classification juridique qui écartent tout revenu des ventes et des services sans tenir compte de ces deux cas de figure peuvent omettre certains revenus offrant des possibilités de BEPS qu'elles auraient dû attribuer.

4.2.1.2. Existence d'un lien entre les parties

79. Certaines juridictions s'intéressent à la partie qui est à l'origine du revenu plutôt qu'à la classification juridique du revenu (ou en complément de celle-ci). De nombreuses règles existantes relatives aux SEC incluent le revenu s'il provient d'une partie liée, au motif que ce revenu peut être plus facilement transféré en pareille situation et que la probabilité d'un tel transfert est plus élevée. Certaines juridictions appliquent un test relatif aux parties liées de très vaste portée, puisqu'il englobe à la fois le revenu tiré des ventes à une partie liée et le revenu issu de la vente d'un bien acquis à l'origine auprès d'une partie liée. Une variante d'une règle relative aux parties liées s'appliquerait au revenu tiré de biens qui ont été développés en coopération avec une partie liée (propriété intellectuelle développée avec une partie liée ou dans le cadre d'un accord de partage des coûts avec une partie liée, par exemple[8]). Dans tous les cas, l'existence d'une relation entre les parties est utilisée comme un indicateur d'un transfert de revenu vers la SEC, cependant le degré d'implication d'une partie liée qui déclenche l'attribution d'un revenu n'est pas le même dans toutes les règles.

4.2.1.3. Source du revenu

80. Certaines règles existantes applicables aux SEC définissent des catégories de revenu en fonction du lieu dans lequel revenu est généré. Cette approche peut prendre la forme d'une règle anti-érosion de la base d'imposition ou d'une règle du pays de la source, et le principe sous-jacent est que le revenu tiré d'activités exercées dans la juridiction de la SEC est moins susceptible de poser des problèmes de transfert de bénéfices, tandis que le risque est plus élevé si le revenu a été généré dans une autre juridiction. Selon les règles de lutte contre l'érosion de la base d'imposition, un revenu est traité comme un revenu de SEC s'il est tiré de ventes à une partie liée ou non liée située dans la juridiction de la société mère, ou de services ou d'investissements situés dans la juridiction de la société mère. Toujours

en conséquence du fait que chaque juridiction définit ses propres objectifs prioritaires, les règles anti-évasion existantes peuvent être fondées sur différents « types » de pratiques d'érosion de la base d'imposition. Dans les juridictions cherchant avant tout à protéger la base d'imposition dans la juridiction de la société mère, seul le revenu généré dans cette juridiction est considéré comme étant celui de la SEC, ce qui renvoie à la question de savoir si un revenu a été transféré depuis la juridiction de la société mère. Dans les juridictions cherchant à la fois à protéger la base d'imposition dans la juridiction de la société mère et à éviter une double érosion, néanmoins, les règles applicables aux SEC pourraient considérer que tout revenu généré dans une juridiction autre que celle de la SEC est un revenu de SEC. Cette approche élargie serait plus difficile à manipuler qu'une règle davantage ciblée qui s'intéresserait uniquement à la juridiction de la société mère, mais elle risquerait d'attribuer un revenu qui a été effectivement généré par des activités exercées par la SEC. Pareille situation pourrait survenir, par exemple, lorsqu'une société étrangère qui comptait précédemment des clients dans la juridiction de la société mère est devenue une SEC du fait qu'elle a été rachetée dans le cadre d'une fusion ou d'une acquisition. Une règle de lutte contre l'érosion de la base d'imposition de portée large pourrait aussi prendre la forme d'une règle du pays de la source, qui exclut le revenu très mobile du revenu de la SEC s'il a été généré dans la juridiction de la SEC.

4.2.2. Analyse de substance

81. Une analyse de substance conduit à vérifier si une SEC a mené des activités importantes aux fins de déterminer quel revenu est un revenu de SEC. De nombreuses règles existantes relatives aux SEC utilisent une forme ou une autre d'analyse de substance et les États membres de l'Union européenne lui associent une approche catégorielle prévoyant une exception pour les activités économiques véritables. Les analyses de substance utilisent différents critères pour établir si le revenu de la SEC a été isolé de la substance sous-jacente, notamment des personnes, locaux, actifs et risques. Quel que soit le critère retenu, les analyses de substance cherchent généralement à vérifier si la SEC était en mesure de générer elle-même ce revenu. Les analyses de substance peuvent être associées à une analyse catégorielle ou à une approche fondée sur les bénéfices excédentaires, et le plus souvent, viennent compléter des règles plus mécaniques et ne sont pas conduites isolément. Bien que ces règles rendent le régime applicable aux SEC plus complexe, elles peuvent être plus à même d'identifier et de quantifier avec précision le revenu transféré.

82. Une analyse de substance peut être appliquée en tant que test de seuil ou d'analyse proportionnelle. Dans le cas d'un test de seuil (test « tout ou rien »), un volume d'activité est fixé (au moyen d'un ou de plusieurs critères) au-delà duquel l'intégralité du revenu de la SEC serait exclu. En revanche, une SEC n'ayant pas atteint ce volume d'activité verrait tout son revenu considéré comme revenu de SEC. Dans le cas d'une analyse proportionnelle, l'attribution du revenu de la SEC exclurait uniquement le montant du revenu à proportion du volume d'activité de la SEC. Par exemple, si la SEC a réalisé 75 % de l'activité en fait requise pour générer le revenu de la SEC, alors 25 % de son revenu est considéré comme revenu de SEC. Cette approche pourrait accroître les contraintes administratives et de discipline liées à la règle[9], mais devrait empêcher les entreprises de localiser précisément le type et le volume d'activité requis dans une SEC pour que ses bénéfices soient exclus en vertu des règles sur les SEC en vigueur dans la juridiction de sa société mère. Par ailleurs, l'application proportionnelle d'un test de substance a plus de chances de respecter la législation de l'UE parce qu'elle permettrait d'attribuer uniquement le revenu qui n'est pas généré par des activités économiques véritables.

83. Comme indiqué dans le chapitre 1, l'une des considérations générales entourant l'élaboration des règles applicables aux SEC concerne la manière de limiter les contraintes administratives et de discipline sans ouvrir la voie à l'évasion fiscale. Les analyses de substance illustrent bien cette problématique puisqu'elles s'appuient habituellement sur des mesures de nature plus qualitative que les analyses catégorielles, et sont souvent retenues dans les règles applicables aux SEC du fait de leur précision supérieure à celle d'une approche exclusivement mécanique. Toutefois, le fait d'inclure les analyses de substance dans les règles pourrait accroître les contraintes administratives et de discipline. En effet, cette approche suppose l'analyse des faits et circonstances propres à la SEC. Néanmoins, les contraintes supplémentaires qu'elles entraînent pourraient être réduites étant donné que cette analyse peut être proche de celle requises aux fins de la détermination de prix de transfert. Lorsque cette analyse conclut que la SEC présente une substance suffisante, la totalité ou une partie de ses bénéfices peut être incluse dans la revenu de la SEC, y compris après d'éventuels ajustements de prix de transfert.

84. Toutefois, les analyses de substance peuvent être conçues de manière à répondre à ces préoccupations et à s'appliquer de manière plus mécanique tout en restant plus précises que des analyses exclusivement objectives. Une solution envisageable consisterait à réserver les analyses de substance à certaines catégories de revenu assez étroites, de sorte que le revenu classé dans les autres catégories soit inclus ou exclu automatiquement selon sa classification. Cette approche pourrait, pour le moins, éviter de soumettre à une analyse de substance les catégories de revenu que les juridictions considèrent comme automatiquement attribuables du fait de leur mobilité, de l'existence d'une relation entre les parties, ou de la source du revenu. Une deuxième solution consisterait à appliquer une analyse de substance comme un critère de seuil plutôt que suivant une approche proportionnelle. Enfin, selon une troisième approche, l'analyse pourrait s'appuyer sur des facteurs objectifs, comme les dépenses, plutôt que sur des facteurs plus difficiles à évaluer[10].

85. Bien que des préoccupations entourent les risques de complexité des règles et d'interaction avec les règles relatives aux prix de transfert, de nombreuses solutions sont à la disposition des juridictions pour définir une analyse de substance qui soit compatible avec leurs objectifs prioritaires, notamment les approches décrites ci-après.

- Une solution comprendrait un critère de seuil fondé sur une analyse des faits et circonstances pour établir si les salariés de la SEC ont apporté une contribution substantielle au revenu perçu par la SEC[11]. Cette solution pourrait prévoir des exceptions, des ratios, ou d'autres tests de nature plus mécanique pour déterminer l'existence d'une contribution substantielle.
- Une deuxième option examinerait l'ensemble des fonctions significatives exercées par les entités au sein du groupe en vue de déterminer si la SEC est l'entité la plus susceptible de détenir des actifs particuliers ou d'assumer des risques particuliers si les entités étaient indépendantes[12]. Appliquée comme un critère de seuil, cette approche traiterait comme revenu de la SEC tout revenu d'une SEC qui n'atteindrait pas le seuil des fonctions significatives (ou exclurait tout le revenu d'une SEC disposant des fonctions requises). Appliquée comme une approche proportionnelle, elle traiterait comme revenu de la SEC uniquement la part du revenu que la SEC ne pouvait pas générer puisqu'elle n'exerçait pas les fonctions significatives requises.
- Une troisième solution consisterait à établir si la SEC possède les locaux et les établissements commerciaux nécessaires dans la juridiction où elle est implantée pour pouvoir effectivement générer le revenu et si elle dispose de salariés suffisamment nombreux et compétents dans cette juridiction pour exercer la majorité de ses

fonctions essentielles[13]. Appliquée comme un test de seuil, cette approche attribuerait la totalité du revenu d'une SEC dépourvue des salariés et des locaux nécessaires (ou exclurait tout le revenu d'une SEC qui en disposerait). Appliquée comme un test proportionnel, elle conduirait à inclure une fraction du revenu de la SEC, à proportion des salariés et locaux dont la SEC ne dispose pas.

- Une quatrième option serait une variante de la précédente et s'inscrirait dans la lignée de travaux menés au titre d'autres actions du Plan BEPS, en utilisant l'approche du lien définie dans le cadre de l'action 5 pour faire en sorte que les régimes de PI préférentiels ne soient appliqués qu'en présence d'une activité substantielle[14]. Les règles applicables aux SEC comprennent une version de l'approche du lien sous la forme d'une analyse de substance, selon laquelle le revenu perçu par une SEC répondant aux critères de l'approche du lien serait exclu des revenus de la SEC, tandis que tous les autres revenus générés par des actifs de PI éligibles, selon la définition prévue par l'approche du lien, seraient traités comme un revenu de la SEC. Selon cette version de l'approche du lien, tout revenu généré par un actif de PI éligible est attribué, sauf lorsque le contribuable peut prouver qu'un élément de revenu ouvrirait droit à des avantages dans le cadre d'un régime de PI compatible avec l'approche du lien dans la juridiction de la SEC. Si la juridiction de la SEC n'a pas adopté de régime de PI conforme à l'approche du lien, l'attribution concerne tout revenu généré par un actif de PI éligible acquis auprès d'une partie liée ou mis au point avec une partie liée, sauf lorsque le contribuable peut prouver qu'un élément de revenu ouvrirait droit à des avantages dans le cadre de l'approche du lien elle-même. Cette option traiterait uniquement le revenu généré par des actifs de PI éligibles et devrait donc est complétée par une autre analyse de substance s'appliquant aux autres catégories de revenu (notamment les autres revenus de la PI).

86. Bien que les analyses de substance confèrent généralement une plus grande précision aux règles applicables aux SEC, il convient de rechercher un juste équilibre entre ce gain en précision et les coûts liés à la complexité et aux analyses de substance qui englobent un grand volume de données. Selon les grands objectifs qu'elles se sont fixés, certaines juridictions pourront privilégier la précision plutôt que la simplicité, alors que d'autres définiront leurs règles de manière à rendre leurs analyses de substance plus mécaniques et moins complexe.

4.2.3. Analyse fondée sur les bénéfices excédentaires

87. Une autre approche visant à définir le revenu pourrait utiliser une analyse fondée sur les « bénéfices excédentaires », qui ne figure à ce jour dans aucune des règles existantes applicables aux SEC. Elle traite le revenu excédentaire par rapport à un « rendement normal » perçu dans une juridiction à fiscalité faible comme étant un revenu de SEC. Une telle approche pourrait, par exemple, être pertinente pour le revenu de PI car, en règle générale, un contribuable ne peut pas espérer percevoir un bénéfice supérieur au rendement normal d'une simple opération d'achat, de vente et de fourniture de services ou d'une opération de fabrication, à moins que ces activités n'impliquent l'utilisation d'une PI. Dans certaines circonstances, des opérations entre parties liées portant sur des actifs incorporels et des transferts de risques peuvent donner lieu à des manipulations de prix systématiques, conduisant à générer un bénéfice supérieur à la norme, qui ne serait pas obtenu si les mêmes opérations étaient menées entre parties indépendantes. Cela donne à penser qu'une approche fondée sur les bénéfices excédentaires pourra s'appliquer au revenu généré par des actifs incorporels et des transferts de risques.

88. En fonction des objectifs qu'elles se sont fixés, les juridictions pourraient inclure un critère d'application spécifique de manière à appliquer cette approche uniquement lorsque la SEC utilise des actifs incorporels acquis auprès d'une partie liée, ou développés par une partie liée ou avec l'aide de celle-ci, ce qui signifie que cette approche pourrait être associée à des analyses catégorielles. Une autre solution consisterait à associer à cette approche une clause d'exonération, c'est-à-dire que l'approche fondée sur les bénéfices excédentaires s'appliquerait à toutes les SEC sauf à celles en mesure de prouver qu'elles n'ont pas utilisé d'actifs incorporels acquis auprès d'une partie liée, ou développés par une partie liée ou avec l'aide de celle-ci [15]. Des juridictions ayant retenu des objectifs différents pourraient, cependant, écarter tout critère d'application spécifique ou critère d'exclusion, choisissant d'appliquer l'analyse des bénéfices excédentaires à tout le revenu perçu par la SEC.

89. L'analyse fondée sur les bénéfices excédentaires proposée ici détermine le rendement normal, puis le soustrait du revenu obtenu par la SEC. La différence, qui représente le rendement excédentaire, est intégralement traitée comme un revenu de la SEC. Le rendement normal désigne le rendement qu'un investisseur normal s'attendrait à percevoir au titre d'un investissement en fonds propres. Il pourrait être calculé selon la formule suivante :

rendement normal = (taux de rendement) × (fonds propres éligibles)

90. Cette formule suppose, en premier lieu, de déterminer le taux de rendement à utiliser et, en second lieu, de délimiter les fonds propres éligibles.

- ***Taux de rendement*** – Concernant le *taux de rendement*, il est peu probable qu'un investisseur normal accepte de percevoir un taux de rendement sans risque en rémunération d'un investissement dont les flux de revenu à venir sont incertains. En conséquence, le taux de rendement normal d'un investissement en fonds propres doit être un *taux de rendement ajusté en fonction du risque,* égal *au taux de rendement sans risque majoré d'une prime reflétant le risque associé à un investissement en fonds propres*, bien que certaines juridictions puissent choisir d'utiliser le taux de rendement sans risque, en fonction des objectifs qu'elles se sont fixés. Les études économiques concluent souvent que le taux ajusté en fonction du risque est compris entre 8 % et 10 % environ, bien que cette valeur diffère selon les secteurs, niveaux d'endettement et pays considérés [16].
- ***Fonds propres éligibles*** – Puisque l'approche fondée sur les bénéfices excédentaires a pour objet d'exclure les rendements normaux générés par des actifs utilisés dans le cadre des activités réelles effectuées dans une juridiction à faible fiscalité, il convient de limiter les fonds propres éligibles aux seuls fonds propres investis dans des actifs utilisés dans le cadre de l'exercice actif de l'activité d'entreprise, y compris les actifs de PI. Étant donné que le revenu soumis à l'impôt en vertu d'autres règles relatives aux SEC dans la juridiction de la société mère ne serait pas inclus dans le rendement total, les juridictions pourraient exclure des fonds propres éligibles tous les fonds propres investis dans des actifs ayant généré un revenu déjà soumis à l'impôt en application d'autres règles relatives aux SEC dans la juridiction de la société mère [17].

91. Le rendement normal est ensuite soustrait du total du revenu perçu par la SEC n'ayant pas été soumis à l'impôt en vertu d'autres règles applicables aux SEC dans la juridiction de la société mère. L'excédent est inclus dans le revenu de la SEC.

92. Le fonctionnement de l'analyse fondée sur les bénéfices excédentaires peut être illustré avec l'exemple de Sub B, établie dans le Pays B, propriété exclusive de sa société mère, établie dans le Pays A. Sub B utilise ses sites de fabrication dans le Pays B

pour produire et distribuer le Produit B, qui fait appel à de la PI acquise auprès de la société mère. Au cours de l'exercice 1, Sub B a dépensé 600 000 pour l'acquisition de droits de PI développés par la société mère et a également investi 500 000 dans ses sites de fabrication. Aux fins comptables, l'acquisition de PI et l'investissement dans les installations de fabrication sont portés à l'actif du bilan au coût d'acquisition. Sub B utilise à la fois la PI et les sites de fabrication dans l'exercice actif de ses activités d'entreprise consistant à produire et distribuer le Produit B. Pendant l'exercice 2, Sub B perçoit des bénéfices de 700 000 au titre des ventes du Produit B [18]. Pour déterminer si Sub B présente un revenu attribuable, l'analyse fondée sur les bénéfices excédentaires calculerait le rendement normal selon la formule suivante :

$$\text{rendement normal} = (\text{taux de rendement}) \times (\text{fonds propres éligibles})$$

93. Si l'approche fondée sur les bénéfices excédentaires utilise un taux de rendement fixé à 10 %, alors le rendement normal annuel serait égal à 110 000 (soit 10 % × (600 000 + 500 000)). Le rendement excédentaire serait alors calculé en soustrayant 110 000 aux bénéfices de Sub B. Les bénéfices excédentaires de Sub B au titre de l'exercice 2 seraient donc de 590 000, et seraient intégralement considérés comme un revenu attribuable.

94. Une approche fondée sur les bénéfices excédentaires ne se fonde pas sur une classification formelle pour déterminer si un revenu donné a été inclus ; il n'est pas nécessaire de préciser le lieu d'origine d'un revenu, l'identité de la partie qui a effectué le paiement ou la nature des activités ayant généré le revenu ; de plus, elle ne devrait pas conduire à ce qu'un revenu qui ne pose pas de problèmes de BEPS puisse dissimuler un revenu qui, pour sa part, soulève de tels problèmes. Cependant, cette approche revêt une nature mécanique et il conviendra de s'assurer qu'elle est suffisamment précise pour identifier le revenu transféré et que les difficultés entourant le calcul du rendement normal peuvent être surmontées. En fonction des objectifs retenus, certains pays, qui recherchent la précision plutôt que l'utilisation d'une règle mécanique, peuvent estimer que l'approche fondée sur les bénéfices excédentaires doit être complétée par une exclusion fondée sur la substance. D'autres pays peuvent considérer que le fait d'exclure un rendement normal des fonds propres éligibles est une méthode efficace pour définir le revenu d'une SEC. Compte tenu de ces préoccupations, aucun consensus n'a été dégagé concernant la nécessité d'associer l'approche fondée sur les bénéfices excédentaires avec une règle obligatoire d'exclusion fondée sur la substance.

4.2.4. Approche transactionnelle et approche par entités

95. Quelle que soit l'analyse utilisée pour définir le revenu d'une SEC, les juridictions doivent décider si elles appliquent cette analyse entité par entité ou selon une approche transactionnelle, qui conduit à une attribution flux par flux. La première approche conduira à n'attribuer aucun revenu à une entité qui ne perçoit pas un certain montant ou pourcentage du revenu attribuable, ou qui effectue certaines activités, alors même qu'une fraction du revenu de cette entité lui était, par nature, attribuable. L'approche transactionnelle, en revanche, examine la nature de chaque flux de revenu pour déterminer si celui-ci est, ou non, attribuable à l'entité. Ces deux approches diffèrent donc en cela que l'approche axée sur l'entité peut attribuer à une entité la totalité du revenu, si la majeure partie de celui-ci répond à la définition du revenu des SEC, et ne lui en attribuer aucun dans le cas contraire. À l'inverse, selon l'approche transactionnelle, une fraction du revenu peut être attribuée à une entité même si la majeure partie de ce revenu ne répond pas à la définition d'un revenu de SEC, et, réciproquement, une fraction du revenu peut être exclue même si la majeure partie du revenu répond à la définition d'un revenu de SEC.

96. L'approche par entité limite la charge administrative dans certaines situations car, dès lors que l'administration fiscale a déterminé qu'un certain montant du revenu perçu par une entité est attribuable, ou que l'entité exerce une certaine activité, les règles relatives aux SEC sont, ou non, applicables et aucune analyse complémentaire n'est requise. Cette approche pourrait, de plus, abaisser les coûts de mise en conformité et réduire l'incertitude pour les contribuables, qui savent qu'ils seront soumis à l'impôt sur les SEC seulement si une partie importante de leur revenu répond à la définition du revenu attribuable. Dans le cadre de l'approche par entité, un contribuable est rarement soumis aux règles relatives aux SEC lorsque seule une petite partie de son revenu total correspond à un revenu de SEC. Toutefois, l'approche par entité présente un inconvénient important : étant donné que la totalité du revenu d'une entité sera, selon le cas, soumise aux règles relatives aux SEC ou exclue de leur application, cette approche présente à la fois un risque de sous-inclusion et de sur-inclusion. Une entité percevant suffisamment de revenu de SEC se verra attribuer l'intégralité de son revenu (y compris la fraction qui, en principe, ne lui serait pas attribuable), alors qu'une entité dont le revenu lui serait, en principe, attribuable peut échapper aux règles relatives aux SEC grâce au phénomène de submersion, en confondant ce revenu avec un revenu non soumis à ces mêmes règles. Par exemple, une entité qui exerce principalement des activités générant un revenu actif peut être en mesure de soustraire aux règles relatives aux SEC une part importante de revenu passif[19]. Par ailleurs, une approche par entité ne réduit pas toujours la charge administrative de manière significative, puisque les contribuables sont tenus de recenser les flux de revenu attribuables ou non, sachant qu'ils peuvent abandonner ce recensement dès lors qu'ils ont établi s'ils dépassent ou non le seuil fixé par entité.

97. L'approche transactionnelle peut accroître la charge administrative et les coûts de mise en conformité par rapport à l'approche par entité, et conduire une administration fiscale à examiner un plus grand nombre de sociétés au titre des règles applicables aux SEC, selon la teneur des autres dispositions de ces règles. Par exemple, si ces règles contiennent un seuil trop élevé pour déterminer si une SEC est faiblement taxée et prévoient l'application proportionnelle d'un test de substance, elles peuvent étendre la portée des règles relatives aux SEC à un grand nombre de sociétés, ce qui peut être encore accentué dans le cas d'une approche transactionnelle. En dépit de ces inconvénients, l'approche transactionnelle permet en règle générale d'attribuer le revenu de manière plus précise. En effet, l'approche transactionnelle, qui examine chaque flux de revenu pour déterminer s'il répond à la définition du revenu de SEC, est plus efficace que l'approche par entité pour cibler des catégories spécifiques de revenu. De plus, cette approche permet d'attribuer uniquement le revenu soulevant des préoccupations en matière de BEPS et offre une proportionnalité accrue, ce qui suggère qu'elle pourrait être plus à même de répondre à la fois aux objectifs de l'action 3 et du droit de l'UE[20]. L'approche transactionnelle peut cependant supposer l'application d'un seuil pour faire en sorte que les entreprises actives qui présentent un excédent de trésorerie ne soient pas tenues de traiter le revenu correspondant à ces liquidités comme un revenu de SEC. Il pourrait s'agir d'un seuil d'exonération instituant une démarcation nette. En Australie, à titre d'exemple, le revenu d'une SEC est intégralement exclu si la part de son revenu passif est inférieure ou égale à 5 % de son revenu total. Une autre solution consisterait à utiliser une analyse fonctionnelle, au titre des règles applicables aux SEC, pour déterminer dans quelle proportion un revenu autrement attribuable est en réalité détenu sous forme d'excédents de trésorerie. Le premier type de seuil permettrait de réduire les charges administratives et les coûts de mise en conformité, mais pourrait être imprécis dans certains cas, tandis que le deuxième type de test serait plus précis, mais augmenterait la charge administrative et les coûts de mise en conformité[21]

Notes

1. Certaines de ces catégories de revenu sont évoquées de manière plus détaillée au paragraphe 78.

2. Voir le Rapport 2015 relatif aux actions 8-10 : *Aligner les prix de transfert calculés sur la création de valeur* (OCDE, 2015) qui attribue un rendement financier sans risque à une entité dépourvue des moyens nécessaires pour le contrôle des risques.

3. Notons que, si certaines de ces analyses n'identifient pas automatiquement le rendement financier attribué à une structure ad hoc exerçant des fonctions limitées, elles peuvent néanmoins être conçues pour le faire. L'analyse catégorielle, par exemple, peut être définie pour englober un revenu financier dans une catégorie dès lors qu'il a été automatiquement attribué, quelle que soit la classification juridique de ce revenu financier.

4. Les juridictions pourraient aussi prendre en compte d'autres catégories de revenu, comme les loyers et autres revenus de crédit-bail.

5. À titre d'exemple, des règles relatives aux SEC qui attribuent un revenu d'assurance pourraient exclure un revenu d'activités de réassurance qui répond à totalité ou à la plupart des critères suivants :

   - Le prix du contrat de réassurance a été fixé dans des conditions de pleine concurrence.
   - Le réassureur suit une politique de diversification et de mutualisation des risques.
   - La situation du capital économique du groupe s'est améliorée sous l'effet de la diversification et les retombées économiques sont réelles pour l'ensemble du groupe.
   - L'assureur et le réassureur sont des entités réglementées, soumises à des cadres réglementaires et à des autorités de réglementation analogues, et doivent à ce titre prouver la réalité du transfert de risques et conserver un niveau de capital approprié.
   - Des tiers extérieurs au groupe sont des parties au contrat d'assurance d'origine.
   - La SEC dispose des compétences et de l'expérience requises, notamment certains employés de la SEC ou d'une entreprise de services liée à celle-ci disposent d'une expertise en matière de souscription.
   - La SEC est exposée à un risque réel d'enregistrer des pertes.

6. L'économie numérique ne peut pas être définie isolément des autres composantes de l'économie, mais la valeur des biens et des services numériques tient habituellement à la propriété intellectuelle. Dans le contexte du revenu général de la PI et des biens et services numériques, il n'existe pas toujours un actif de PI identifiable, mais le revenu généré dans les deux cas est le plus souvent rattachable à une PI sous une forme ou sous une autre. Par conséquent, le revenu tiré de la vente de biens et de services numériques n'est pas considéré dans ce rapport comme formant une catégorie distincte, mais plutôt un sous-ensemble du revenu de la PI.

7. Document de discussion sur l'Action 8 du Plan BEPS : Actifs incorporels difficiles à valoriser (OCDE, 4 juin 2015), disponible à l'adresse suivante (en anglais) : www.oecd.org/ctp/transfer-pricing/discussion-draft-beps-action-8-hard-to-value-intangibles.pdf. Dans son paragraphe 9, le document de discussion définit les actifs incorporels difficiles à valoriser comme englobant « les actifs incorporels ou les droits sur des actifs incorporels pour lesquels, lorsqu'ils sont transférés au titre d'une opération entre entreprises associées, *(i)* il n'existe pas de comparables suffisamment fiables; et *(ii)* les prévisions fiables sont manquantes concernant les flux de trésorerie à venir ou le revenu devant être généré par l'actif incorporel transféré, ou les hypothèses utilisées pour évaluer l'actif incorporel présentent un haut degré d'incertitude. »

8. Une telle règle a été proposée par l'administration américaine dans le cadre de sa définition d'un revenu numérique d'origine étrangère en 2015.

9. Comme évoqué ci-après, une analyse de substance proportionnelle fondée sur des variables plus systématiques comme les dépenses n'aurait pas de tels effets sur la charge administrative et les coûts de conformité. Toutefois, ces approches plus mécaniques recourent à des critères pour les activités substantielles, de sorte que leurs résultats peuvent être moins précis.

10. Ces solutions, particulièrement les deux premières, pourraient être moins appropriées pour les États membres l'Union européenne.

11. Les règles relatives aux SEC en vigueur aux États-Unis donnent un exemple de cette première solution. Selon le critère des contributions substantielles qui s'applique au revenu des ventes perçu par une SEC, le revenu de la vente de biens mobiliers qui, en principe, serait considéré comme attribuable, ne le serait pas lorsque « les faits et circonstances font apparaître que la société étrangère contrôlée apporte, grâce aux activités de ses salariés, une contribution substantielle à la fabrication, la production ou la construction des biens mobiliers vendus ». 26 CFR 1.954-3(a)(4)(iv)(a). Le test dresse alors la liste de sept activités susceptibles d'indiquer que la SEC a effectivement apporté une contribution substantielle, qui pour l'essentiel tournent autour du concept de création de valeur. Ces activités incluent : *(1)* direction et supervision des activités ou du procédé par lesquels le bien est fabriqué, produit ou construit ; *(2)* activités prises en compte pour déterminer si les produits ont été en grande partie transformés ou si l'assemblage ou la transformation de composantes en un produit final sont des activités substantielles par nature et sont généralement assimilables à la fabrication, la production ou la construction de biens ; *(3)* sélection de matériel, sélection de fournisseurs ou contrôle des matières premières, des travaux en cours ou des produits finis ; *(4)* gestion des coûts ou des capacités de production (par exemple, gestion du risque de perte, initiatives de réduction des coûts ou d'efficience associées au processus de fabrication, planification de la demande, établissement du calendrier de production ou couverture du prix des matières premières) ; *(5)* contrôle de la logistique de la production ; *(6)* contrôle de la qualité (par exemple, essais par sondage ou établissement de normes de contrôle de la qualité) ; et *(7)* élaboration de la conception du produit ou du cahier des charges, ou direction de ce processus, ainsi que des secrets commerciaux de la technologie ou de toute autre propriété intellectuelle dans le but de fabriquer, produire ou construire le bien mobilier. 26 CFR 1.954-3(a)(4)(iv)(b). Les Règlements donnent ensuite des exemples qui illustrent le fonctionnement de ce test fondé sur les faits et les circonstances.

12. Cette deuxième option est illustrée par les règles applicables aux SEC en vigueur au Royaume-Uni, fondées sur les concepts et indications élaborés par l'OCDE concernant l'article 7 pour identifier les fonctions humaines importantes du groupe associées à chaque actif, qui permet de déterminer si la SEC assume ces fonctions.

13. Cette troisième approche est illustrée par le test fondé sur l'établissement commercial étranger en vigueur en Afrique du Sud. En vertu de ce test, le revenu d'une SEC n'est pas attribuable s'il est généré par un établissement commercial étranger (ECE) opérant en conditions de pleine concurrence. Les ECE sont des établissements disposant d'une structure physique qui sont utilisés (ou qui continueront d'être utilisés) pendant au moins une année. Les activités de la SEC doivent avoir lieu dans ces établissements, et ils doivent disposer de l'équipement adapté et d'agents d'exploitation et de superviseurs chargés de mener les activités principales de la SEC.

14. L'approche du lien fait une analyse proportionnelle du revenu, dans laquelle la part du revenu pouvant bénéficier d'un régime de PI est la même que la part des dépenses éligibles (dépenses engagées dans le cadre d'activités de recherche-développement – ou R-D – menées par la SEC ou des parties indépendantes) par rapport aux dépenses totales (dépenses éligibles plus coût d'acquisition et dépenses de R-D engagées par des parties liées). Selon l'approche du lien, les dépenses de R-D constituent la variable de substitution des activités substantielles, et permettent de déterminer de manière plus mécanique si la SEC disposait des salariés requis pour générer par elle-même le revenu de PI.

15. Si l'une de ces deux dispositions était incluse, la notion d'actif incorporel serait définie au sens large pour englober tout actif qui n'est pas un actif corporel ni un actif financier, susceptible

d'être détenu ou contrôlé aux fins d'utilisation dans le cadre d'activités commerciales, et qui permet à l'entreprise d'obtenir un surcroît de bénéfices, au-delà du rendement normal. Cette définition engloberait notamment des actifs incorporels qui ne sont pas juridiquement protégés, comme les secrets commerciaux, le savoir-faire, les listes de clients, les systèmes de gestion, les réseaux, les données, la survaleur et d'autres actifs comparables. Cela étant, cette approche pourrait être associée à une règle du pays de la source, afin d'exclure, lors du calcul des profits excédentaires, le revenu ayant pour origine le marché de la juridiction de la SEC (comme un revenu obtenu auprès de clients établis dans la juridiction de la SEC, ou au titre de services fournis sur le territoire de cette juridiction).

16. Le taux de rendement sans risque varie selon les pays et peut généralement être calculé à partir d'une moyenne des taux des obligations d'État sur plusieurs années. L'utilisation du taux de rendement sans risque dans la juridiction de la SEC peut sembler raisonnable à première vue, cependant, selon le principe qui sous-tend les règles applicables aux SEC, la société mère est en mesure de déterminer le lieu d'implantation de la SEC (et de transférer, ou non, un certain revenu vers celle-ci). Il est donc probable que la société mère prenne ses décisions d'investissement en fonction du taux de rendement en vigueur dans sa propre juridiction. Le taux de rendement sans risque utilisé pour le calcul du taux de rendement ajusté en fonction du risque pourrait donc s'appuyer sur celui pratiqué dans la juridiction de la société mère. La prime relative aux fonds propres correspond au rendement supplémentaire attendu par un investisseur en contrepartie de l'incertitude entourant les flux de revenu futurs d'un investissement donné. L'analyse économique ne permet pas de déterminer de manière convaincante une valeur appropriée pour une telle prime, il apparaît toutefois que celle-ci varie selon les secteurs et le niveau d'endettement de la société considérée, et qu'elle est souvent calculée comme étant comprise entre 3 % et 7 %.

17. Quant à l'évaluation des fonds propres investis dans ces actifs, une solution consisterait à utiliser la valeur comptable des actifs éligibles, minorée des engagements se rapportant aux fonds propres éligibles. Si la valeur comptable offre parfois une évaluation plus précise que le coût d'acquisition, dans certains cas, les actifs sont passés en charges lors de leur création et n'apparaissent pas au bilan. Une autre solution consisterait à utiliser, lors de l'évaluation, la base d'imposition ou le coût d'acquisition aux fins fiscales, tels que définis en vertu de la législation de la juridiction de la société mère. Les engagements devraient être répartis, sans doute à proportion des valeurs respectives des actifs ou du revenu que ceux-ci génèrent, avec éventuellement la possibilité de suivre les engagements au titre de dettes sans recours.

18. Aux fins de simplicité, il est supposé ici que les sites de fabrication ne font l'objet d'aucun engagement.

19. Les États membres de l'UE pourraient être amenés à examiner la conformité de l'approche par entité vis-à-vis du droit communautaire.

20. Si la Cour de justice de l'Union européenne (CJUE) n'a pas encore examiné d'activités économiques effectives suivant une analyse transaction par transaction, il semble que les règles applicables aux SEC qui attribuent le revenu selon une méthode transactionnelle cibleraient plus étroitement les catégories de revenu soulevant des préoccupations, et pourraient à ce titre être plus conformes au droit de l'UE.

21. Certaines juridictions associent ces deux approches au sein d'une démarche hybride et vérifient dans un premier temps si une entité présente un montant de revenu attribuable suffisant pour être traitée comme une SEC, avant de déterminer si des éléments de revenu spécifiques doivent lui être attribués. Au Japon, les règles relatives aux SEC offrent un exemple d'approche hybride : certaines entités peuvent être exonérées de l'impôt sur les SEC en raison de la nature de leur revenu et de leurs activités, mais certains flux de revenu perçus par ces entités peuvent néanmoins être soumis à ce même impôt. Dans la mesure où cette approche conduit, en dernier lieu, à examiner différents flux de revenu plutôt qu'à attribuer simplement le revenu dans sa totalité à une entité, elle constitue en substance une variante de l'approche transactionnelle.

Bibliographie

OCDE (2015), *Aligner les prix de transfert calculés sur la création de valeur, Actions 8-10 – Rapports finaux 2015*, Éditions OCDE, Paris. http://dx.doi.org/10.1787/9789264249202-fr.

Chapitre 5

Règles de calcul du revenu

98. Ce chapitre formule des recommandations concernant la quatrième composante du régime applicable aux SEC, à savoir le calcul du revenu. Lorsque l'application des règles a permis de conclure qu'un revenu est attribuable, il convient de calculer le montant attribuable.

5.1. Recommandations

99. Le calcul du revenu d'une SEC suppose de répondre à deux questions : *(i)* les règles de quelle juridiction faut-il appliquer; et *(ii)* des règles spécifiques sont-elles nécessaires pour calculer ce revenu. Concernant la première question, il est recommandé d'utiliser les règles de la juridiction de la société mère pour calculer le revenu d'une SEC. Concernant la deuxième, les juridictions devraient, dans la mesure autorisée par le droit, se doter d'une règle spécifique limitant la possibilité de compenser les pertes d'une SEC, celles-ci pouvant être imputées uniquement aux bénéfices de la même SEC ou à ceux d'autres SEC situées dans la même juridiction.

5.2. Explication

100. La première recommandation porte sur les règles utilisées pour calculer le revenu imposable. Quatre options ont été étudiées avant de parvenir à cette recommandation.

1. Une première option consisterait à appliquer la législation de la juridiction de la société mère (celle appliquant les règles relatives aux SEC), ce qui serait cohérent avec l'objectif de combattre les pratiques de BEPS, surtout si les règles relatives aux SEC ciblent l'érosion de la base d'imposition dans la juridiction de la société mère. Cette option permettrait également de réduire les coûts pour l'administration fiscale. Les juridictions pourraient parvenir à un résultat largement similaire en prenant comme point de départ le revenu calculé selon les règles de la juridiction de la SEC, puis en l'ajustant conformément aux règles de la juridiction de la société mère.

2. Une deuxième option consisterait à calculer le revenu selon les règles de la juridiction de la SEC, mais cela serait contraire aux objectifs de l'action 3 en risquant d'entraîner une diminution du revenu à attribuer. Cette option pourrait aussi être source de complexité et de coûts supplémentaires pour l'administration fiscale contrainte d'appliquer des règles qui ne lui sont pas familières.

3. Une troisième option autoriserait les contribuables à choisir les règles de calcul de l'une ou l'autre des juridictions, au risque d'ouvrir la voie à la planification fiscale.

4. Une dernière option serait de calculer le revenu en se référant à une norme commune. Par exemple, certaines juridictions demandent aux contribuables d'utiliser les Normes internationales d'information financière (IFRS). Cette option présente l'avantage de garantir, en théorie, une cohérence internationale dans la mesure où toutes les juridictions (des SEC et de la société mère) emploieraient les mêmes règles, quel que soit le lieu de résidence de la SEC ou de la société mère. Néanmoins, rares sont les pays qui utilisent déjà ces normes pour le calcul du revenu imposable, de sorte que cette option pourrait se traduire par une augmentation des coûts administratifs et de discipline si les contribuables devaient recalculer le revenu de la SEC conformément à des règles qui ne sont utilisées ni par la juridiction de la société mère, ni par celle de la SEC.

101. Sur la base de cette analyse, la première option est recommandée étant donné qu'elle est cohérente avec les objectifs du *Plan d'action concernant le BEPS* (OCDE, 2013) et qu'elle réduit les coûts administratifs.

102. S'agissant de la deuxième recommandation, la question du traitement des pertes a été examinée. La plupart des aspects relatifs aux pertes peuvent être abordés en s'appuyant sur la législation nationale préexistante dans la juridiction de la société mère[1]. Il s'agit notamment de déterminer si le recours aux pertes devrait être limité à une imputation à des bénéfices de nature similaire, signifiant, par exemple que les pertes passives d'une SEC pourraient être imputées uniquement aux bénéfices passifs si cette restriction était prévue dans la législation nationale sur les pertes.

103. S'ajoute la question de savoir si les pertes d'une SEC peuvent être imputées exclusivement à ses propres bénéfices ou si elles peuvent aussi l'être à ceux de la société mère. La plupart des règles existantes relatives aux SEC autorisent uniquement la compensation des pertes avec les bénéfices de cette SEC ou d'autres SEC situées dans la même juridiction. Il s'agit d'ailleurs de l'approche est recommandée car l'imputation des pertes aux bénéfices de sociétés mères ou de SEC situées dans d'autres juridictions pourrait encourager une manipulation des pertes dans la juridiction de la SEC[2]. Néanmoins, cet aspect n'est pas forcément déjà traité par les règles en vigueur dans le contexte national, et l'élaboration d'une règle distincte spécifique aux SEC peut s'avérer nécessaire. Une règle qui empêche la compensation des pertes d'une SEC avec les bénéfices d'entités autres que des SEC pourrait s'appliquer parallèlement à une règle limitant l'imputation des pertes à des types de bénéfices similaires, de sorte que les pertes passives d'une SEC pourraient être compensées uniquement avec des bénéfices passifs de la même SEC. Toute inquiétude

Graphique 5.1. **Limitation des pertes**

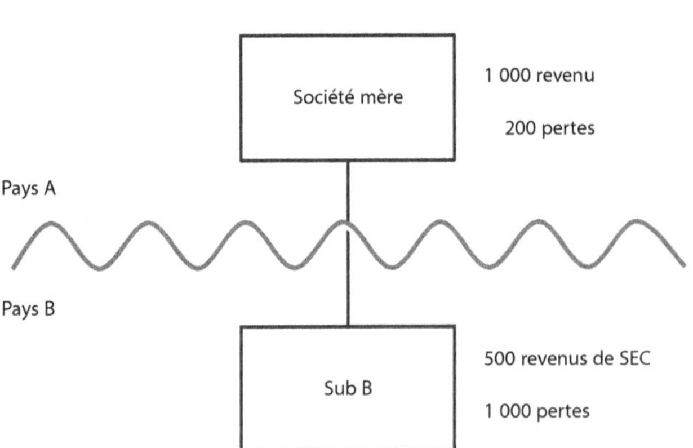

concernant une éventuelle surimposition résultant de cette approche pourrait être atténuée en autorisant le report en avant ou en arrière des pertes de la SEC, en vue d'une imputation à des bénéfices générés au cours d'autres exercices si ce traitement fiscal est par ailleurs autorisé selon les lois de la juridiction de la société mère[3].

104. Le graphique 5.1 illustre la recommandation relative à la limitation des pertes. La société mère est résidente du Pays A, et Sub B est une filiale en propriété exclusive du Pays B qui est une SEC. Le Pays A est doté de règles relatives aux SEC. Au cours de l'exercice 1, la société mère gagne 1000 et Sub B perçoit 500 de revenu en qualité de SEC. La société mère affiche des pertes de 200 et Sub B des pertes de 1000. Le graphique 5.1 illustre cette situation.

105. Si les règles relatives aux SEC du Pays A ne limitent pas les pertes de Sub B au revenu de Sub B, la société mère sera imposée uniquement sur 300 puisque la totalité des pertes (1200) sera imputée à la totalité du revenu (1500). Si au contraire les règles relatives aux SEC du Pays A limitent l'imputation des pertes de Sub B au revenu de Sub B, la société mère sera imposée sur 800 (1000-200) et aucun revenu provenant de Sub B ne sera attribué à la société mère parce que l'intégralité du revenu attribuable de Sub B sera compensée par les pertes, tandis que le solde de 500 fera l'objet d'un report en avant en vue d'être imputé au revenu futur de Sub B. Cette limite empêchera le recours à des SEC dans le but de minorer le revenu imposable dans la juridiction de la société mère.

106. Si le Pays A est déjà doté d'une règle qui interdit d'imputer des pertes passives à un revenu actif, cette règle peut être combinée à la limitation des pertes recommandée, comme l'illustre le graphique 5.2.

Graphique 5.2. **Limitation des pertes combinée à une règle préexistante de limitation des pertes passives**

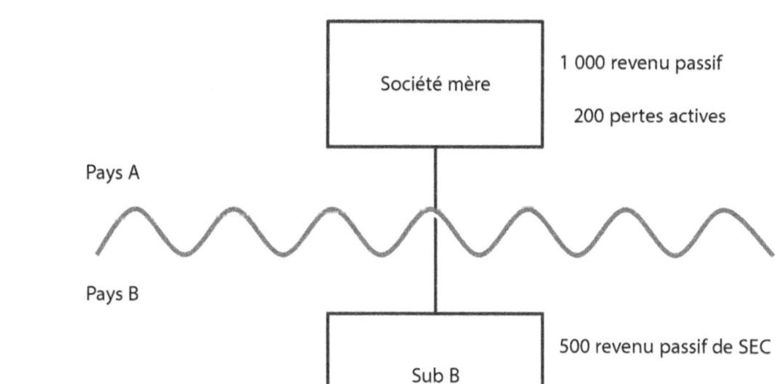

107. Si le revenu de la société mère est entièrement passif et la totalité de ses pertes entièrement actives, alors que la totalité du revenu et des pertes de Sub B sont passifs, la société mère sera imposée sur son revenu de 1000. En effet, les pertes actives de la société mère ne peuvent pas être imputées à son revenu passif et les pertes passives de Sub B compensent l'intégralité de son revenu passif. Ainsi, les pertes passives excédentaires ne peuvent pas être imputées au revenu de la société mère en vertu de la règle de limitation des pertes de la SEC.

108. Le risque d'importation des pertes constitue un autre sujet de préoccupation. Ce risque pourrait survenir si une SEC présente des pertes qui sont antérieures à sa classification en tant que SEC ou si une autre activité qui génère des pertes est transférée à la SEC afin d'absorber des bénéfices. Si les pertes ne peuvent être imputées qu'aux bénéfices de la SEC, le fait que la SEC a subi des pertes lors d'années antérieures ne soulève pas nécessairement de préoccupations. Toutefois, un problème peut se poser si l'activité de la SEC a changé et si des éléments montrent que des bénéfices ou des pertes ont été transférés à la SEC en vue de réduire le montant du revenu assujetti à l'impôt. De nombreux pays ont dans leur législation des dispositions destinées à empêcher l'évasion fiscale qui traitent de ces situations et qui pourraient également s'appliquer au calcul du revenu de la SEC.

Notes

1. L'utilisation de la législation nationale pour répondre aux questions relatives au traitement d'éléments spécifiques tels que les pertes pourrait être source de complications dès lors que le revenu de la SEC est généralement calculé en appliquant les dispositions d'une juridiction différente, mais c'est une raison supplémentaire en faveur de l'utilisation des règles de la juridiction de la société mère et donc de la première recommandation ci-dessus.
2. Les juridictions pourraient aussi mettre en œuvre des règles qui autorisent l'imputation des pertes de la société mère aux bénéfices de la SEC. Cette situation est moins susceptible de poser des problèmes de BEPS car elle conduirait à une diminution des pertes dans la société mère et des bénéfices dans la SEC.
3. Les États membres de l'Union européenne devraient établir si une limitation des pertes des SEC serait compatible avec les libertés fondamentales définies par l'Union européenne comme indiqué au Chapitre 1.

Bibliographie

OCDE (2013), *Plan d'action concernant l'érosion de la base d'imposition et le transfert de bénéfices*, Éditions OCDE, Paris. http://dx.doi.org/10.1787/9789264203242-fr.

Chapitre 6

Règles d'attribution du revenu

109. Ce chapitre formule des recommandations concernant la cinquième composante du régime applicable aux SEC, à savoir l'attribution du revenu. Dès lors que le montant du revenu de la SEC a été calculé, l'étape suivante consiste à déterminer comment attribuer ce revenu aux actionnaires concernés de la SEC.

6.1. Recommandations

110. L'attribution du revenu se divise en cinq étapes qui visent à déterminer : *(i)* quels contribuables doivent se voir attribuer un revenu ; *(ii)* quelle fraction du revenu doit être attribuée ; *(iii)* à quelle date un revenu doit figurer dans la déclaration des contribuables ; *(iv)* quel traitement doit être appliqué au revenu ; et *(v)* quel taux d'imposition est applicable au revenu.

111. Les recommandations concernant ces étapes sont les suivantes :

1. dans la mesure du possible, le seuil d'attribution devrait être lié au seuil de contrôle minimum, bien que les pays soient libres d'appliquer des seuils d'attribution et de contrôle différents en fonction des objectifs qui sous-tendent les règles relatives aux SEC ;
2. le montant du revenu à attribuer à chaque actionnaire ou personne exerçant le contrôle devrait être calculé par référence au pourcentage de participation détenue et à la période effective de contrôle ou d'influence (L'influence pourrait être, par exemple, basée sur la participation détenue le dernier jour de l'année si cela reflète de façon précise le niveau d'influence).

3. et 4. les juridictions peuvent déterminer à quel moment le revenu doit être porté dans les déclarations des contribuables et comment il doit être traité de façon à ce que les règles relatives aux SEC soient cohérentes avec la législation nationale existante ;

5. les règles relatives aux SEC devraient appliquer au revenu le taux d'imposition de la juridiction de la société mère [1].

6.2. Explication

112. Chacune des cinq étapes a été examinée plus en détail pour parvenir aux recommandations ci-dessus.

6.2.1. À quels contribuables le revenu doit-il être attribué ?

113. Pour procéder à une attribution appropriée, les juridictions doivent avant tout déterminer à qui le revenu doit être attribué. De nombreuses règles existantes sur les SEC lient cette décision à celle relative au contrôle, de sorte qu'une partie du revenu est attribuée au contribuable qui atteint le seuil de contrôle minimum. Dans les juridictions qui appliquent une règle fondée sur la concentration de l'actionnariat, le revenu de la SEC est généralement attribué non seulement aux contribuables qui atteignent le seuil de contrôle général, mais aussi à tous les contribuables résidents qui exercent un niveau de contrôle minimum (10 % par exemple) à prendre en compte pour calculer si le seuil de contrôle est atteint. L'association du seuil d'attribution au seuil de contrôle minimum présente l'avantage de la simplicité administrative tout en allégeant les contraintes de discipline. Elle permet aussi d'assurer que les contribuables ont une influence suffisante pour rassembler les informations relatives aux activités et au revenu de la SEC. Toutefois, l'utilisation de règles de contrôle pour déterminer l'attribution du revenu peut aussi conduire à une sous-inclusion lorsqu'une participation minoritaire pourrait en fait exercer une influence suffisante sur les décisions économiques d'une SEC pour soulever des inquiétudes en matière de BEPS ; néanmoins, cet inconvénient peut être atténué si les règles de contrôle additionnent les participations des actionnaires minoritaires ou ne limitent pas le contrôle aux seuls actionnaires majoritaires.

114. Certaines règles relatives aux SEC peuvent néanmoins utiliser un critère différent pour déterminer à quels contribuables le revenu de la SEC doit être attribué, en se basant sur la théorie selon laquelle le pourcentage de participation suffisant pour exercer un contrôle n'est pas nécessairement le même que le niveau suffisant pour déclencher l'attribution de revenu. Les juridictions voulant décourager les investissements même minoritaires dans les SEC peuvent appliquer un seuil d'attribution inférieur, tandis que celles voulant surtout décourager les investissements par des résidents susceptibles d'influer sur la SEC peuvent fixer leur seuil d'attribution à un niveau plus élevé que leur seuil de contrôle, surtout si ce seuil tient compte de la concentration de l'actionnariat. En outre, les règles relatives aux SEC qui examinent le contrôle de facto ou qui emploient une méthode moins mécanique peuvent avoir besoin de tests de contrôle et d'attribution différents pour faire en sorte que le revenu soit attribué aux bons contribuables. Bien qu'en théorie l'existence de règles d'attribution et de contrôle distinctes puisse engendrer des coûts de discipline ou des contraintes administratives supplémentaires, l'attribution effective des bénéfices peut être assez rare en raison de l'effet dissuasif des règles relatives aux SEC. Par conséquent, la bonne pratique serait d'associer le seuil d'attribution au seuil de contrôle ou d'utiliser un autre seuil d'attribution de manière à attribuer le revenu, au minimum, aux contribuables susceptibles d'influer sur la SEC.

6.2.2. Quelle fraction du revenu doit-elle être attribuée ?

115. Lorsque les règles relatives aux SEC ont permis de déterminer à quels contribuables le revenu doit être attribué, il faut définir la fraction du revenu à attribuer. Toutes les règles existantes sur les SEC attribuent le revenu à proportion de la participation détenue par chaque contribuable, mais diffèrent quant au traitement des contribuables qui ont conservé leur participation moins d'un an. Certaines juridictions attribuent l'intégralité du revenu en fonction de la participation détenue le dernier jour de l'année. Cette formule pourrait conduire à une attribution incorrecte et créer des possibilités de planification fiscale, mais elle peut permettre d'évaluer de façon précise si le contribuable a pu exercer une influence sur la SEC lorsque les droits de vote ou d'autres pouvoirs sont déterminés en fonction de

la participation détenue le dernier jour de l'année ou lorsqu'il existe d'autres règles anti-abus pour prévenir une attribution inappropriée des profits. D'autres juridictions attribuent le revenu en fonction de la période de détention de la participation, de sorte que les contribuables sont imposés sur un montant équivalent à leur part effective des bénéfices de la SEC. En outre, cette règle ne devrait pas entraîner un alourdissement significatif des coûts de discipline en pratique[2]. L'une ou l'autre de ces approches pour le calcul de la fraction du revenu à attribuer peut être admise en tant que bonne pratique dès lors que le choix du dernier jour de l'année rend correctement compte de l'influence exercée par le contribuable[3].

116. Les règles d'attribution devraient prévoir qu'une attribution ne puisse pas représenter plus de 100 % du revenu de la SEC. Ce cas de figure pourrait notamment se présenter lorsque le cumul du contrôle juridique et du contrôle économique dépassent la valeur de 100 %. Cependant, toute règle conçue pour éviter une attribution excessive devrait inclure des dispositions anti-évasion fiscale afin d'éviter toute utilisation conduisant à ne pas attribuer à un contribuable le montant qui reflète précisément l'influence qu'il exerce.

6.2.3. À quel moment le revenu doit-il figurer dans les déclarations des contribuables ?

117. De nombreuses règles existantes relatives aux SEC prévoient que le revenu attribué doit être inclus dans le revenu imposable du contribuable pour l'exercice fiscal durant lequel la période comptable de la SEC se termine, bien que certains pays suivent des règles légèrement différentes pour déterminer l'année de déclaration du revenu attribué. En Corée, par exemple, le revenu attribué doit figurer sur la déclaration correspondant à l'exercice fiscal auquel appartient le 60e jour après la fin de l'exercice fiscal de la SEC. Ces deux approches semblent être aussi efficaces l'une que l'autre pour lutter contre les pratiques de BEPS, de sorte qu'aucune recommandation n'est formulée concernant cette étape, les pays étant libres d'adopter les dispositions qui leur paraissent adaptées pour faire en sorte que les règles relatives aux SEC soient cohérentes avec leur législation nationale en général.

6.2.4. Comment le revenu doit-il être traité ?

118. Il convient aussi de savoir, aux fins de l'attribution du revenu aux contribuables, comment ce revenu sera traité dans la juridiction de la société mère. Les règles existantes relatives aux SEC suivent des approches différentes : elles peuvent traiter le revenu attribué comme un dividende réputé distribué ou considérer qu'il a été perçu directement par le contribuable (la SEC est essentiellement traitée comme une société de personnes ou une entité intermédiaire, mais uniquement aux fins d'attribuer le revenu de la SEC). Si le revenu attribué est traité comme un dividende réputé distribué, le traitement fiscal peut alors s'appuyer sur les règles existantes en matière de dividendes que les contribuables et les administrations fiscales connaissent déjà. Toutefois, les juridictions peuvent ne pas vouloir traiter le revenu attribué en tant que dividende réputé distribué à toutes les fins fiscales, et il faudra donc préciser les limites de l'expression « réputé distribué ». En revanche, traiter le revenu attribué comme s'il avait été perçu directement par les actionnaires de la SEC réduit probablement la nécessité d'adopter des règles de classification distinctes dans la mesure où le revenu sera caractérisé selon les règles nationales existantes. Ces deux approches semblent être aussi adaptées l'une que l'autre à la lutte contre le BEPS ; aussi la question du traitement du revenu attribué peut être laissée à l'appréciation des juridictions, dans le respect de leur législation nationale.

6.2.5. Quel taux d'imposition faut-il appliquer au revenu de la SEC ?

119. Enfin, l'attribution du revenu pose la question de savoir comment le revenu attribué est imposé. Les règles existantes relatives aux SEC imposent le revenu de la SEC au taux qui serait appliqué à la société mère dans la juridiction de celle-ci, mais une deuxième possibilité serait d'appliquer un « impôt supplémentaire ». Cet impôt supplémentaire, étroitement inspiré du concept d'impôt minimum, grèverait uniquement la différence entre l'impôt payé et un seuil fixé. Ce seuil pourrait être lié à l'exonération fondée sur le taux d'imposition utilisée pour déterminer si les règles relatives aux SEC s'appliquent à une SEC donnée, ou être entièrement distinct. Un impôt supplémentaire établirait un taux plancher pour le calcul du taux d'imposition du revenu de la SEC.

120. Pour illustrer le fonctionnement pratique d'un impôt supplémentaire, imaginons une société mère établie dans une juridiction où le taux légal d'imposition forfaitaire est de 30 % et une règle sur les SEC visant uniquement les SEC soumises à un taux effectif d'imposition inférieur à 12 %. Si la juridiction de la société mère applique un impôt supplémentaire à une SEC qui a été soumise à un taux effectif de 0 %, le revenu de la SEC serait imposé à 12 % seulement, au lieu du taux normal de 30 %. La conséquence de cette approche pourrait être que les multinationales situées dans des juridictions fortement taxées et dotées de règles relatives aux SEC ne seraient pas pénalisées sur le plan concurrentiel par rapport aux multinationales situées dans des juridictions faiblement taxées. Toutefois, elles seraient pénalisées à la fois par rapport aux multinationales implantées dans des juridictions dotées de règles relatives aux SEC mais appliquant un taux d'imposition inférieur au taux de l'impôt supplémentaire, et par rapport aux multinationales situées dans des juridictions dépourvues de règles relatives aux SEC. En outre, l'impôt supplémentaire ne supprimerait pas nécessairement les incitations à transférer des bénéfices hors des juridictions fortement taxées. Par exemple, dans l'exemple ci-dessus, les multinationales établies dans la juridiction de la société mère seraient fortement incitées à transférer leur revenu dans la juridiction de la SEC car le taux maximum auquel le revenu de leur SEC serait taxé serait de 12 %, soit 18 points de pourcentage de moins que le taux applicable si leur revenu était généré dans la juridiction de la société mère. En conséquence, l'impôt supplémentaire peut ne pas être compatible avec les objectifs que les juridictions cherchent à atteindre au moyen des règles applicables aux SEC. Pour certaines juridictions, l'impôt supplémentaire pourrait néanmoins être considéré comme une voie médiane qui permettrait aux juridictions de résoudre en partie les problèmes de compétitivité. Si le taux de l'impôt supplémentaire est le même que le seuil de faible imposition, les règles relatives aux SEC pourraient avoir une plus grande cohérence interne.

Notes

1. Pour limiter les problèmes de compétitivité, les pays pourraient aussi envisager d'adopter un impôt supplémentaire. Cette option serait probablement plus pertinente lorsqu'une règle plus générale ou mécanique permet d'appréhender le revenu actif. Voir les paragraphes 119-120 pour une description plus détaillée d'un impôt supplémentaire.

2. On suppose que cette règle attribuerait le revenu si le contribuable a conservé une participation dans la SEC pendant une partie de l'année mais ne la détenait plus le dernier jour de l'année. À

défaut, la règle recommandée pourrait être couplée à une règle permettant d'imputer le revenu de la SEC lorsque les participations dans la SEC sont vendues en milieu d'année.

3. Une solution possible pour rendre compte de l'influence serait d'associer une règle basée sur la participation détenue le dernier jour de l'année et des obligations de déclaration des participations pendant l'année.

Chapitre 7

Règles tendant à éviter ou supprimer la double imposition

121. Ce chapitre formule des recommandations correspondant à la sixième et dernière composante relative au régime des SEC, à savoir les règles destinées à éviter ou à supprimer la double imposition. Comme en dispose le chapitre 1, l'un des objectifs fondamentaux des règles relatives aux SEC est de faire en sorte qu'elles n'entraînent pas une double imposition pouvant, ériger un obstacle à la compétitivité internationale, à la croissance et au développement économique.

7.1. Recommandations

122. Les règles applicables aux SEC devraient comprendre des dispositions permettant d'assurer que l'utilisation de ces règles ne conduit pas à une double imposition. Il existe pour le moins trois situations dans lesquelles une double imposition peut se produire : *(i)* le revenu attribué de la SEC est également assujetti à des impôts étrangers sur les sociétés; *(ii)* les règles relatives aux SEC de plusieurs juridictions s'appliquent au revenu de la même SEC; et *(iii)* une SEC verse des dividendes à partir d'un revenu déjà attribué à ses actionnaires résidents en vertu des règles relatives aux SEC, ou dans lesquelles un actionnaire résident vend ses parts dans la SEC. Toutefois, la double imposition peut aussi se produire dans d'autres circonstances, par exemple lorsqu'un ajustement des prix de transfert a été opéré entre deux juridictions et que la SEC est imposée dans une troisième juridiction [1]. Les règles relatives aux SEC devraient être conçues pour faire en sorte d'éviter, dans ces situations et dans d'autres cas de figure, d'appliquer une double imposition.

123. La recommandation concernant les deux premières situations est d'autoriser un crédit au titre des impôts étrangers effectivement payés, y compris d'impôts sur les SEC mis à la charge d'entreprises intermédiaires. L'impôt effectivement payé (y compris les éventuelles retenues à la source) devrait inclure tous les impôts supportés par la SEC au titre de revenus n'ayant pas bénéficié par ailleurs de mesures d'allégement, et qui ne sont pas supérieurs à l'impôt dû au titre du même revenu dans la juridiction de la société mère. La recommandation concernant la troisième situation est d'exempter d'impôt les dividendes et les plus-values de cession de parts de SEC si le revenu de la SEC a déjà été assujetti à l'impôt sur les SEC, mais le traitement précis de ces dividendes et plus-values peut être laissé à l'appréciation des différentes juridictions afin que les dispositions choisies soient cohérentes avec la législation nationale. Il incombe à chaque juridiction d'apporter une réponse aux autres situations donnant lieu à une double imposition, mais la recommandation générale formulée au titre de cette composante est d'élaborer des règles applicables aux SEC en veillant à ce qu'elles n'induisent pas de double imposition.

7.2. Explication

7.2.1. Questions relatives à l'allégement accordé au titre d'impôts étrangers sur les sociétés

124. Le cas le plus flagrant dans lequel l'application des règles relatives aux SEC peut aboutir à une double imposition est peut-être celui mentionné au point *(i)* ci-dessus, dans lequel le revenu de la SEC est soumis à l'impôt sur les sociétés dans la juridiction de la SEC et à l'impôt sur les SEC dans la juridiction de la société mère ou des entités qui exercent le contrôle.

125. La plupart des juridictions traitent la situation dans laquelle le revenu de la SEC est imposé à la fois dans la juridiction de la SEC et dans celle de la société mère en accordant un crédit d'impôt étranger indirect qui s'impute aux impôts supportés par un contribuable différent. Cette approche supprime la double imposition de façon plus complète que la méthode de déduction, car elle compense directement l'impôt étranger avec l'impôt national plutôt que, de réduire la base d'imposition à laquelle s'applique l'impôt du pays de résidence. L'objectif d'un régime de SEC étant d'exercer des droits d'imposition sur le revenu qui a été transféré dans une autre juridiction, la méthode de l'exemption n'est pas adaptée pour accorder un allégement dans ce contexte car elle entraverait l'application des règles relatives aux SEC. En général, un crédit d'impôt étranger indirect se limite au montant de la double imposition effective. La plupart des pays procèdent en limitant l'allégement à l'impôt national ou à l'impôt étranger effectivement payé, le montant le plus faible étant retenu. Se concentrer sur l'impôt effectivement payé évite d'accorder l'allégement si l'impôt étranger fait l'objet d'un remboursement. L'impôt effectivement payé (y compris les éventuelles retenues à la source) devrait inclure tous les impôts acquittés par la SEC comparables à l'impôt sur les bénéfices des sociétés, qui n'ont pas donné lieu à un autre allégement et qui ne sont pas supérieurs à l'impôt dû au titre du même revenu dans la juridiction de la société mère.

7.2.2. Questions relatives aux allégements accordés au titre de l'impôt sur les SEC dans plusieurs juridictions

126. Des questions supplémentaires peuvent se poser si le revenu et les bénéfices générés dans une SEC sont imposés en vertu de règles relatives aux SEC en vigueur dans plusieurs juridictions, et ce scénario pourrait devenir plus fréquent à l'avenir. Si par exemple une filiale est considérée comme une SEC selon les règles en vigueur dans plusieurs juridictions, le revenu de cette filiale pourrait être taxé par la juridiction de la SEC, et par toute autre juridiction considérant que cette filiale est une SEC. Là encore, un crédit d'impôt étranger indirect peut être appliqué dans cette situation, mais pour pouvoir l'accorder, les pays peuvent être amenés à modifier leurs dispositions relatives à l'allégement de la double imposition afin que l'impôt sur les SEC acquitté dans un pays intermédiaire soit reconnu comme impôt étranger éligible à l'allégement. Il convient également d'établir une hiérarchie des règles pour déterminer quels sont les pays prioritaires. Celle-ci pourrait donner la priorité aux règles relatives aux SEC de la juridiction dont l'actionnaire résident est plus proche de la SEC dans la chaîne de contrôle.

127. Cette hiérarchie des règles est illustrée dans le graphique 7.1.

128. Dans cette situation, C Sub est à la fois une SEC directe de B Sub et une SEC indirecte de la société mère A, et B Sub est également une SEC de la société mère A. Si le Pays A et le Pays B ont tous deux des règles relatives aux SEC, il devrait exister une hiérarchie des règles pour déterminer le pays dont les règles s'appliquent en premier.

Graphique 7.1. **Interaction des règles relatives aux SEC**

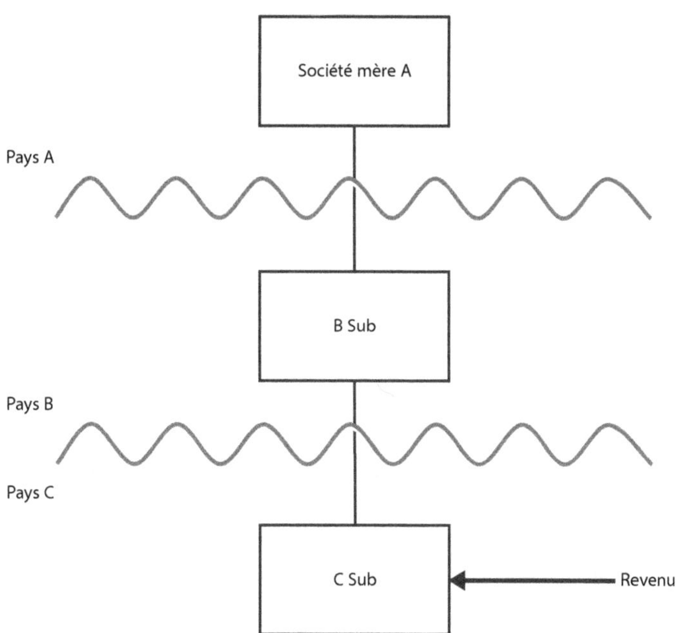

129. Le graphique 7.1 illustre un cas de figure pouvant poser deux problèmes différents en fonction des taux d'imposition du Pays A et du Pays B. Si le Pays C applique un taux d'imposition de 10 %, le Pays B un taux de 20 % et le Pays A un taux de 30 %, les Pays B et A voudront tous deux recouvrer le montant intégral de leur impôt, éventuellement en accordant un crédit uniquement pour l'impôt du Pays C. Si le revenu de C Sub est de 100, le Pays A voudra recouvrer 20 (30 moins 10) et le Pays B voudra recouvrer 10 (20 moins 10). La hiérarchie des règles suggérée ci-dessus, selon laquelle les règles du Pays B s'appliquent avant celles du Pays A, nécessite que le Pays A accorde un crédit au titre des impôts payés à la fois au Pays C et au Pays B. Cela signifie que le Pays C recouvrerait 10, le Pays B percevrait 10 (20 moins 10) et le Pays A également 10 (30 moins 20)[2].

130. Si, en revanche, le Pays C applique toujours un taux d'imposition de 10 % et le Pays A un taux de 30 %, mais que le Pays B applique un taux de 40 %, le Pays A ne collecte plus aucun impôt s'il accorde un crédit au titre des impôts payés au Pays B. Bien qu'elle puisse poser problème du point de vue du Pays A, cette approche serait probablement cohérente avec le principe qui sous-tend les règles relatives aux SEC du Pays A, car C Sub serait intégralement taxée sur son revenu à un taux supérieur à celui en vigueur dans le Pays A. De même, si le Pays B applique un taux d'imposition supérieur à celui en vigueur dans le Pays A, il est moins probable que la base d'imposition qui est érodée soit celle du Pays A. Il est plus probable que dans cette situation, toute hypothétique soit-elle, ce soit la base d'imposition du Pays B qui soit érodée. Il serait donc plus approprié que le Pays A n'applique pas ses règles relatives aux SEC si les bénéfices de C Sub sont imposés à un taux effectif équivalent ou supérieur dans la juridiction d'une entité intermédiaire. La hiérarchie des règles recommandée dans les deux situations est donc que le Pays A applique ses règles relatives aux SEC uniquement après que le Pays B a appliqué ses règles (ou accorde un crédit au titre des impôts sur les SEC payés au Pays B, ce qui serait plus simple).

7.2.3. Allégements au titre de dividendes ou de plus-values ultérieurs

131. La troisième situation dans laquelle l'impôt sur les SEC pourrait aboutir à une double imposition est celle où *(i)* la SEC procède à des versements à partir du revenu de la SEC ou *(ii)* des contribuables résidents d'une SEC cèdent leurs participations dans celle-ci. Concernant le premier scénario, la plupart des juridictions accordent un allégement sous une forme ou une autre au titre des dividendes payés par une SEC. Dans la majorité de ces juridictions, les dividendes seront éligibles au privilège d'affiliation applicable aux dividendes étrangers. Si les règles relatives aux SEC exigent un niveau de contrôle au moins égal au même pourcentage de participation que le privilège d'affiliation, ce privilège devrait s'appliquer. En conséquence, une disposition d'allégement supplémentaire sera nécessaire uniquement en l'absence de privilège d'affiliation ou si ce privilège ne s'applique pas. En pareils cas, la plupart des juridictions appliquent une disposition distincte qui exonère les dividendes même s'ils ne sont pas éligibles au privilège d'affiliation normal (ou s'il n'existe pas de privilège d'affiliation général).

132. Néanmoins, la méthode de l'exemption peut poser des difficultés si une partie seulement du revenu de la SEC a été attribuée à un contribuable résident ou si une SEC est détenue indirectement par une autre entreprise non résidente qui n'a pas de revenu de SEC attribuable. Dans ce cas, il peut être difficile de déterminer si des dividendes ont été versés à partir du revenu attribué de la SEC et s'ils sont dès lors soumis à la double imposition. Pour remédier à ces difficultés, les pays suivent souvent des approches assez mécaniques supposant que des dividendes ont vraisemblablement été versés à partir d'un revenu de la SEC précédemment distribué. Ces approches consistent par exemple à limiter l'exonération des dividendes au montant des bénéfices générés par la SEC au cours des exercices fiscaux pendant lesquels les règles relatives aux SEC s'appliquaient.

133. Une autre question se pose concernant le premier scénario lorsque la juridiction de la SEC effectue une retenue à la source lors du versement du dividende. Étant donné que ce prélèvement à la source constitue un impôt sur le revenu au niveau de la juridiction de la SEC, il peut être approprié d'accorder un allégement au titre des retenues à la source appliquées au revenu de la SEC[3].

134. S'agissant du deuxième scénario, une double imposition peut aussi se produire si les parts d'une SEC sont vendues et si le contribuable qui les détenait a déjà été imposé sur le revenu non distribué de la SEC. Conformément à la logique ci-dessus applicable aux dividendes, les pays peuvent choisir de ne pas imposer les plus-values réalisées ultérieurement par un contribuable sur la cession de parts d'une SEC dans la mesure où des montants identiques ont été précédemment taxés en vertu des règles relatives aux SEC en vigueur dans la juridiction de ce contribuable. Toutefois, les pays ne suivent pas tous la même approche d'imposition des plus-values sur les actifs, aussi le mécanisme d'allégement peut varier afin de tenir compte des caractéristiques spécifiques du système fiscal propre à chaque juridiction; par conséquent, cette recommandation ne signifie pas que les pays qui au demeurant n'exemptent pas les plus-values de cession doivent réviser leurs règles globales afin de se conformer à cette recommandation visant les règles relatives aux SEC.

7.2.4. Autres situations

135. Le rapport reconnaît que la double imposition peut aussi survenir par d'autres biais, par exemple du fait de l'interaction entre les règles relatives aux SEC et les règles applicables aux prix de transfert. Ces questions ne sont pas nouvelles, mais les pays devront déterminer si leurs dispositions actuelles sur l'allégement de la double imposition sont efficaces pour résoudre tous les cas de double imposition[4].

7.2.5. Dispositions des conventions fiscales relatives à l'élimination de la double imposition

136. Les mesures prévues par chaque juridiction pour éliminer une double imposition éventuellement induite par ses règles applicables aux SEC doivent tenir compte des obligations prévues par les conventions fiscales conclues par cette juridiction. Les dispositions visant à éliminer la double imposition qui figurent dans les conventions fiscales bilatérales peuvent s'écarter considérablement du texte des articles 23 A et 23 B du *Modèle de convention fiscale concernant le revenu et la fortune : Version abrégée* (OCDE, 2010). Par conséquent, les États sont invités à examiner avec attention les dispositions prévues par leurs conventions fiscales lorsqu'ils élaborent leurs régimes applicables aux SEC, pour s'assurer qu'ils ne sont pas involontairement tenus d'appliquer la méthode d'exemption à un revenu qu'ils souhaitent soumettre à ces régimes.

Bibliographie

OCDE (2010), *Modèle de convention fiscale concernant le revenu et la fortune : Version abrégée 2010*, Éditions OCDE, Paris. http://dx.doi.org/10.1787/mtc_cond-2010-fr

Notes

1. Dans certaines circonstances, l'interaction des règles relatives aux SEC et des règles applicables aux prix de transfert pourrait donner lieu à des problèmes de double imposition. Même si ces circonstances surviennent rarement, il est important que les pays visant à supprimer la double imposition qui pourrait en résulter.

2. Cette analyse retient l'hypothèse que le Pays A n'applique pas d'exonération fondée sur le taux d'imposition ou que, s'il en applique une, c'est à partir d'un seuil fixé au-dessus de 20 %.

3. Les allégements accordés au titre de retenues à la source dans le cadre d'une convention fiscale sont examinés dans le Modèle de Convention fiscale de l'OCDE, au paragraphe 39 des commentaires sur l'article 10.

4. Par exemple, la société mère A établie dans le Pays A possède deux filiales, Sub B résidente du Pays B, et Sub C résidente du Pays C. Un ajustement des prix de transfert est effectué entre B et C, entraînant une augmentation des bénéfices dans C. Si le Pays A applique ses règles relatives aux SEC à B et C, il devra accorder un allégement pour l'impôt étranger réduit payé dans B et l'impôt majoré payé dans C. En pratique, il semble plus probable qu'en cas d'ajustements des prix de transfert, les bénéfices d'une SEC diminuent tandis qu'augmenteront les bénéfices d'une filiale plus fortement taxée qui échappe au champ d'application des règles relatives aux SEC. C'est pourquoi les pays devront être informés des ajustements ultérieurs éventuellement appliqués à l'impôt payé par une SEC de manière à ne pas accorder un allégement au titre d'un impôt qui a été remboursé ; ils devraient en outre prévoir dans ce cas une réévaluation de l'imposition de la SEC, même si le délai de prescription est écoulé.

ORGANISATION DE COOPÉRATION ET DE DÉVELOPPEMENT ÉCONOMIQUES

L'OCDE est un forum unique en son genre où les gouvernements oeuvrent ensemble pour relever les défis économiques, sociaux et environnementaux que pose la mondialisation. L'OCDE est aussi à l'avant-garde des efforts entrepris pour comprendre les évolutions du monde actuel et les préoccupations qu'elles font naître. Elle aide les gouvernements à faire face à des situations nouvelles en examinant des thèmes tels que le gouvernement d'entreprise, l'économie de l'information et les défis posés par le vieillissement de la population. L'Organisation offre aux gouvernements un cadre leur permettant de comparer leurs expériences en matière de politiques, de chercher des réponses à des problèmes communs, d'identifier les bonnes pratiques et de travailler à la coordination des politiques nationales et internationales.

Les pays membres de l'OCDE sont : l'Allemagne, l'Australie, l'Autriche, la Belgique, le Canada, le Chili, la Corée, le Danemark, l'Espagne, l'Estonie, les États-Unis, la Finlande, la France, la Grèce, la Hongrie, l'Irlande, l'Islande, Israël, l'Italie, le Japon, le Luxembourg, le Mexique, la Norvège, la Nouvelle-Zélande, les Pays-Bas, la Pologne, le Portugal, la République slovaque, la République tchèque, le Royaume-Uni, la Slovénie, la Suède, la Suisse et la Turquie. La Commission européenne participe aux travaux de l'OCDE.

Les Éditions OCDE assurent une large diffusion aux travaux de l'Organisation. Ces derniers comprennent les résultats de l'activité de collecte de statistiques, les travaux de recherche menés sur des questions économiques, sociales et environnementales, ainsi que les conventions, les principes directeurs et les modèles développés par les pays membres.

ÉDITIONS OCDE, 2, rue André-Pascal, 75775 PARIS CEDEX 16
(23 2015 30 2 P) ISBN 978-92-64-24847-2 – 2015

www.ingramcontent.com/pod-product-compliance
Lightning Source LLC
LaVergne TN
LVHW081421110826
845149LV00010B/1821

9789264248472